Inhalt

100% übersichtlich

Entdecken Sie 100% Paris auf sechs Spaziergängen. Jedes Kapitel im 100% Guide ist einem Spaziergang gewidmet. Am Kapitelende finden Sie eine Karte mit der Kurzbeschreibung des Spaziergangs. Auf der Karte in der vorderen Umschlagklappe sehen Sie die sechs Kartenausschnitte im Überblick. Dort finden Sie anhand der Buchstaben Ⓐ bis Ⓨ alle Hotels sowie die Sehenswürdigkeiten und Ausgehtipps, die nicht auf einem der Spaziergänge liegen.

In den sechs Kapiteln beschreiben wir ausführlich, welche Sehenswürdigkeiten Sie auf den Spaziergängen entdecken können und wo man gut essen, trinken, shoppen, feiern und relaxen kann. Alle Adressen sind mit einer Nummer ① gekennzeichnet, die Sie im Stadtteilplan am Ende des Kapitels wiederfinden. An der Farbgebung der Nummer können Sie erkennen, zu welcher Kategorie die jeweilige Adresse gehört:

🟣 Sehenswürdigkeiten	🔴 Shoppen
🔵 Essen & Trinken	🔵 100% there

SECHS SPAZIERGÄNGE

Die Spaziergänge dauern ohne Besuch der genannten Sehenswürdigkeiten maximal fünf Stunden. Die Länge des Spaziergangs hängt natürlich auch von der relativen Größe des jeweiligen Stadtteils ab, wie Sie anhand der Übersichtskarte in der vorderen Klappe feststellen können. Auf den einzelnen Stadtteilplänen sehen Sie den genauen Verlauf der Route und können deren Länge anhand des Maßstabes ungefähr bestimmen. Die Wegbeschreibung links neben dem Stadtplan führt Sie entlang der Sehenswürdigkeiten zu den schönsten Adressen. So entdecken Sie fast nebenbei die besten Shopping-Gelegenheiten, die nettesten Restaurants und die angesagten Cafés und Bars. Wer irgendwann keine Lust mehr hat, der Route zu folgen, kann aufgrund der ausführlichen Tipps und Pläne auch wunderbar auf eigene Faust Entdeckungen machen.

PREISANGABEN BEI HOTELS UND RESTAURANTS

Um Ihnen eine Vorstellung von den Preisen in den Hotels und Restaurants zu geben, finden Sie bei den Anschriften stets auch die Preise. Die Angaben für

1 0 0 % P A R I S

SPAZIERGANG 1: ÎLE DE LA CITÉ, ÎLE SAINT-LOUIS & QUARTIER LATIN
Die Île de la Cité mit der Kathedrale Notre-Dame ist der älteste Teil von Paris.
Für die lebhafte Atmosphäre im Quartier Latin (Rive Gauche), das noch Spuren
der römischen Vergangenheit zeigt, sorgt die Sorbonne-Universität. Ruhe
dagegen findet man im Jardin des Plantes, der grünen Oase des Stadtteils.

SPAZIERGANG 2: MONTPARNASSE & SAINT-GERMAIN-DES-PRÉS
Montparnasse war einst Heimat einflussvoller Künstler, und Saint-Germain-
des-Prés (Rive Gauche) ist seit Jahrhunderten das intellektuelle Zentrum der
Stadt; ein gemütliches, an den schönen Jardin du Luxembourg grenzendes
Viertel mit vielen ausgefallenen Läden, Galerien, Restaurants und Cafés.

SPAZIERGANG 3: LOUVRE, INVALIDES & CHAMPS-ÉLYSÉES
Sehenswerte Museen und eindrucksvolle Bauwerke wie der Invalidendom, der
Eiffelturm und der Louvre prägen das Bild dieses Stadtteils an der Seine.
Delikatessengeschäfte und exklusive Boutiquen rund um den Place de la
Madeleine und die Champs-Élysées laden zum Luxus-Shopping ein.

SPAZIERGANG 4: PALAIS ROYAL, LES HALLES & LE MARAIS
Der Garten des Palais Royal lockt mit hübschen Läden, Cafés und viel Ruhe, im
Gegensatz zum Rive Droite, wo das Forum des Halles und das Centre
Pompidou für Betriebsamkeit sorgen. Das Marais strahlt mit seinen schönen
Häusern und engen Gassen, Bistros und Geschäften ein besonderes Flair aus.

SPAZIERGANG 5: BELLEVILLE & MÉNILMONTANT
Das einstige Arbeiterviertel Belleville ist heute Wohnort vieler Migranten und
geprägt von farbenfrohen Märkten, exotischen Läden und internationalen
Restaurants. Ménilmontant ist nach wie vor ein Arbeiterviertel mit urigen
Kneipen und dem berühmten Friedhof Père Lachaise.

SPAZIERGANG 6: NOUVELLE ATHÈNES & MONTMARTRE
Klassische Architektur, ruhige Plätze und Innenhöfe kennzeichnen Nouvelle
Athènes. In Montmartre mit seinen verwinkelten Straßen stößt man auf Sacré-
Coeur, originelle Boutiquen und eine lebendige Kulturszene. Die Gegend um
den Place Pigalle ist bekannt für ihre vielen Nachtclubs.

1 0 0 % P A R I S

Paris ist eine Stadt mit unendlich vielen Möglichkeiten. Es gibt so viel zu sehen und zu erleben - doch wo fängt man am besten an? Natürlich müssen Sie den Eiffelturm, die Notre-Dame und den Louvre besuchen, in Saint-Germain-des-Prés oder im Marais shoppen gehen, an der Seine entlangspazieren, in einem Straßencafé eine Pause einlegen, in einem Restaurant etwas Köstliches essen, abends ein Theater besuchen oder in einem Nachtclub abtanzen. Der 100% Guide zeigt Ihnen ganz genau, was Sie auf keinen Fall verpassen sollten. Sightseeing & Shopping, Ausgehen & Abenteuer - die übersichtlichen Stadtpläne weisen Ihnen den Weg.

AUF 6 SPAZIERGÄNGEN 100% PARIS ERLEBEN.

Hotels beziehen sich in der Regel auf ein Doppelzimmer mit Frühstück pro Nacht. Die Angaben für die Restaurants nennen, wenn nicht anders angegeben, den Durchschnittspreis eines Hauptgerichts.

GUT ZU WISSEN

Das Zentrum von Paris liegt innerhalb des Boulevard Périphérique, der ringförmig um die Stadt verläuft. Alles, was sich jenseits dieses Boulevards befindet, sind die sogenannten Banlieues. Die Seine teilt die Stadt in Rive Droite (rechtes Ufer) und Rive Gauche (linkes Ufer). Paris besteht aus 20 Arrondissements, die in jeweils vier Quartiers (Stadtviertel) unterteilt sind. Jedes Arrondissement hat einen eigenen Namen und eine Nummer: Arrondissement 1 ist der Louvre im Herzen der Stadt. Die Nummerierung verläuft spiralförmig im Uhrzeigersinn von innen nach außen. Auf den Straßenschildern steht auch immer die Nummer des jeweiligen Arrondissements.

MUSEEN

Paris ist ein Eldorado für Museumsfans. Es gibt hier eine Reihe fantastischer, renommierter Museen, von denen die meisten staatlich sind (Musée national) und dem Kulturministerium (Ministère de la Culture) unterstehen. Einige Museen sind in Händen der Stadt Paris und heißen deshalb Musée de la Ville de Paris. Die kleineren Museen sind häufig in Besitz von Stiftungen oder gar Privatpersonen. Bitte beachten Sie, dass die Öffnungszeiten sehr unterschiedlich sind: Manche Museen haben montags geschlossen, manche dienstags – dahinter lässt sich kein System entdecken. Der Paris Museum Pass gewährt freien Eintritt zu mehr als 60 Sehenswürdigkeiten. Ein 2-Tage-Pass kostet 35 Euro, ein 4-Tage-Pass 50 Euro, ein 6-Tage-Pass 65 Euro. Leider gilt dieser Pass meist nicht für Sonderausstellungen. Der Paris Museum Pass ist an den Kassen der teilnehmenden Museen und Sehenswürdigkeiten sowie beim Pariser Tourismusbüro (25, Rue des Pyramides) erhältlich. Nähere Infos unter: *www.parismuseumpass.com*. Für EU-Bürger unter 26 Jahren ist der Eintritt in vielen Museen seit Kurzem frei (bei Vorlage eines gültigen Personalausweises). Rabatte gibt es in vielen Museen für Behinderte und über 60-Jährige, und einige Museen bieten freien Zugang am ersten Sonntag im Monat.

FRANZÖSISCHE (ESS-) GEWOHNHEITEN

Essen ist den Franzosen - wie jeder weiß - sehr wichtig: Sie essen gerne und reden auch gerne darüber. Das Augenmerk liegt auf zwei Mahlzeiten: *le déjeuner* (Mittagessen) und *le dîner* (Abendessen). Das *petit déjeuner* (Frühstück) ist meist ziemlich einfach: eine Tasse Kaffee oder Tee, ein Stück Baguette mit Marmelade oder ein Croissant. Gefrühstückt wird häufig schnell in einem der vielen Cafés, die oft schon frühmorgens geöffnet sind. Die Kaffeeauswahl reicht vom normalen schwarzen Kaffee über den *café serré* (kleiner starker Kaffee) und den *café crème* (mit warmer Milch) bis zum *noisette* (kleiner Kaffee mit kalter Milch).

In der Mittagspause essen Franzosen gerne außer Haus. Viele Arbeitnehmer erhalten von ihren Arbeitgebern sogar Restaurantgutscheine. Die Mittagspause wird häufig für Dienstbesprechungen genutzt, daher sind Restaurants zwischen 12.30 und 14.30 Uhr oft ausgebucht. Traditionell besteht ein französisches Mittagessen aus einem Drei-Gänge-Menü, aber oft wird auch nur eine Vorspeise (*entrée*) oder ein Hauptgericht (*plat*) gewählt. Im Allgemeinen ist ein Menü günstiger als Essen à la carte. Ein umfangreiches Mittagessen, wie es früher üblich war, scheint in Paris langsam aus der Mode zu kommen. Immer mehr Restaurants bieten daher Salate oder Sandwiches an. Die meisten Kinder essen in der Schulkantine.

Viele Pariser arbeiten bis in den frühen Abend hinein und essen abends nur selten vor 20.00 Uhr. Die Restaurants sind auch erst ab etwa 19.30 Uhr wieder geöffnet. Pariser gehen abends gerne essen, daher sind gute Restaurants auch nach Feierabend häufig voll. Es empfiehlt sich, frühzeitig einen Tisch zu reservieren. Trinkgelder werden in Restaurants oder Cafés nicht gegeben. Wer es dennoch tut, zeigt damit seine Zufriedenheit, was in den Lokalen durchaus geschätzt wird.

Die Geschäfte sind meist zwischen 10.00 Uhr und 19.30 Uhr geöffnet. Einzige Ausnahme: arabische Lebensmittelläden, die in der Regel erst um Mitternacht schließen. Kleinere Geschäfte und manche Supermärkte sind mittags geschlossen. Viele Lebensmittelgeschäfte und -märkte sind am Sonntagvormittag geöffnet, dafür montags nicht. Im jüdischen Viertel Le Marais und in Montmartre haben viele Boutiquen sonntags offen.

Bitte beachten: Viele Restaurants, Cafés und Läden (Bäcker und Metzger) haben im August oft den ganzen Monat über Betriebsferien.

FEIERTAGE

Neben den beweglichen Feiertagen Ostern, Pfingsten und Christi Himmelfahrt hat Frankreich noch die folgenden offiziellen Feiertage:

1. Januar	- Neujahr
1. Mai	- Tag der Arbeit
8. Mai	- Tag des Sieges (Gedenktag 2. Weltkrieg)
14. Juli	- Nationalfeiertag (*quatorze juillet*)
15. August	- Mariä Himmelfahrt
1. November	- Allerheiligen
11. November	- Gedenktag zum Ende des 1. Weltkriegs (1918)
25. Dezember	- Weihnachten

Am 21. Juni, dem Abend des Sommeranfangs, feiert Paris die Fête de la Musique. Dann wird auf den Straßen, in Cafés und Bars, in Musiksälen, zu Hause - also fast überall - Musik gespielt und gehört. Und jeder darf mitmachen.

Am Abend des 13. Juli findet die Fête des Pompiers statt. In den Feuerwachen wird dann bis in den Morgen des *quatorze juillet* hineingetanzt.

HABEN SIE NOCH TIPPS?

Wir haben diesen Reiseführer mit größtmöglicher Sorgfalt zusammengestellt. Allerdings verändert sich das Angebot an Shops, Essensmöglichkeiten, Cafés und Bars in Paris mit schöner Regelmäßigkeit. Sollte die eine oder andere Adresse unerwartet nicht mehr zu finden sein, oder haben Sie Anmerkungen oder Tipps, dann lassen Sie es uns auf *www.100travel.de* wissen. Sie finden auf dieser Seite auch alle Updates und Ergänzungen zu den 100% Guides und den Events in der Stadt.

Last but not least möchten wir noch mitteilen, dass keine der vorgestellten Adressen für ihre Erwähnung bezahlt hat, weder für den Text, noch für die Fotos. Alle Texte wurden von einer unabhängigen Redaktion geschrieben.

Hotels

Neben den bekannten Hotelketten gibt es in Paris auch viele kleine, originelle Hotels. Wie in jeder Stadt können Sie hier so teuer und luxuriös übernachten, wie Sie möchten. Nachfolgend haben wir gute Übernachtungsmöglichkeiten für jedes Budget zusammengestellt. Da das Frühstück in den Hotels meist nur aus einer Tasse Kaffee oder Tee und einem Stück Baguette mit Marmelade besteht, ziehen viele es vor, beim Bäcker oder im Café um die Ecke zu frühstücken. Die Buchstaben der jeweiligen Hotels finden Sie auf der Übersichtskarte vorne im 100% Guide wieder. Für weitere Hotels siehe *www.100travel.de*. Auch unter *www.france-hotel-guide.com* und *www.hotels-paris.fr* finden Sie zahlreiche Adressen. Für ein kleines Budget empfiehlt *www.hoteldiscount.fr* geeignete Unterkünfte.

NIEDRIGE PREISKLASSE

Ⓐ Das fröhlich-bunte **Montclair Hostel** liegt am Fuße des Montmartre, außerhalb der touristischen Zone. Das Personal ist nett und die kleinen Zimmer sind sehr gepflegt. Kurz: die perfekte Adresse für den kleinen Geldbeutel. Für den Aufstieg zur Kirche Sacré-Coeur ist gutes Schuhwerk unerlässlich.
62, rue ramey, 18. arr, www.montclair-hostel.com, telefon: 01 46 06 46 07, preis: ab 38 €, metro: jules joffrin

Ⓑ Im modernen **Hôtel Eldorado** im Montmartre sind alle 33 Zimmer unterschiedlich, aber gleichermaßen farbenfroh und originell eingerichtet. Zimmer 31 mit Blick auf die Terrasse ist das schönste. Ein Hotel für Junge und Junggebliebene! Und dank der Nähe zum Place Pigalle auch ideal für Gäste, die abends nicht weit laufen wollen.
18, rue des dames, 17. arr, www.eldoradohotel.fr, telefon: 01 45 22 35 21, preis: ab 58 €, metro: place de clichy

HÔTEL DES GRANDES ÉCOLES Ⓖ

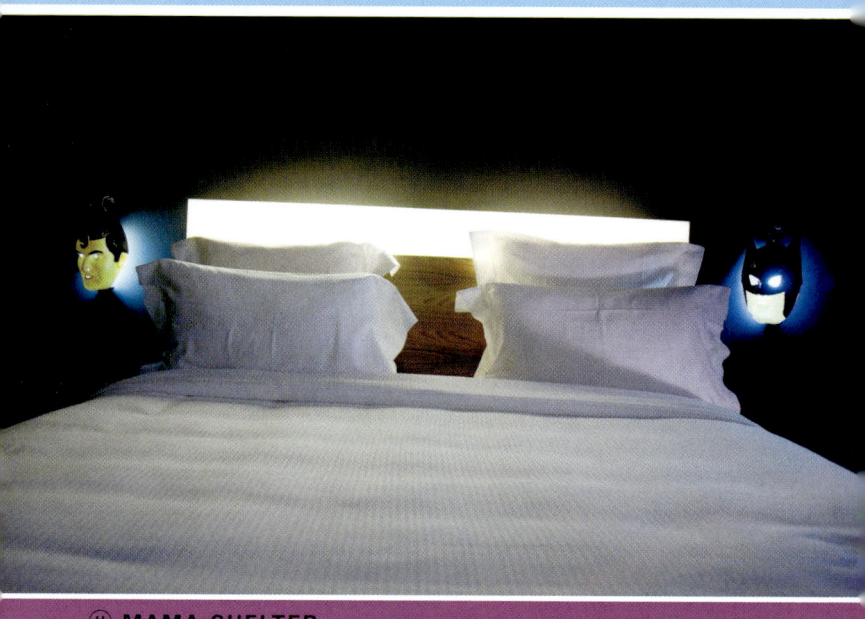

ⓗ MAMA SHELTER

ⓒ Die Zimmer des **Tiquetonne Hôtel** sind einfach, aber gepflegt und ausnahmslos mit Blümchentapeten in Pastellfarben ausgestattet. Das gut gelegene Hotel befindet sich in einer Fußgängerzone mit netten Geschäften, Restaurants und Cafés unweit der lebhaften Rue Montorgueil. Der wunderschöne Palais Royal mit seinem großen Park und den kleinen Geschäften und Straßencafés ist in weniger als zehn Minuten zu Fuß erreichbar.

6, rue tiquetonne, 2. arr, www.hoteltiquetonne.fr, telefon: 01 42 36 94 58, preis: ab 60 €, metro: étienne marcel

MITTLERE PREISKLASSE

(D) Morgens badet der prächtige Garten des **Hôtel de l'Avre** regelrecht im Sonnenlicht. Wenn das Wetter mitspielt, wird das Frühstück auch im Grünen serviert. Das Hotel verfügt über 26 Zimmer, die alle einfach möbliert und in Pastellfarben gehalten sind. Es liegt in einer ruhigen Straße in der Nähe des Eiffelturms.

21, rue de l'avre, 15. arr, www.hoteldelavre.com, telefon: 01 45 75 31 03, preis: ab 87 €, metro: la motte-picquet grenelle

(E) Hinter der charakteristischen Fassade des **Hôtel Jeanne d'Arc** aus dem 18. Jahrhundert befinden sich großzügige, helle Zimmer. Die Lage im Marais, unweit des charmanten Place du Marché Sainte-Catherine und des Place des Vosges, ist optimal: Zum Musée Carnavalet und dem Village Saint Paul sind es nur ein paar Schritte.

3, rue de jarente, 4. arr, www.hoteljeannedarc.com, telefon: 01 48 87 62 11, preis: ab 92 €, metro: bastille / chemin vert / saint-paul

(F) Das **Hôtel Design Sorbonne** liegt vis-à-vis der Sorbonne-Universität. Die Zimmer sind zwar klein, aber wunderschön eingerichtet. Kein Hotel für Minimalisten, eher für Menschen, die stilvolle Originalität schätzen. In den Gängen hängen alte Familienfotos des Personals. Das Hotel liegt sehr günstig im Quartier Latin, zwischen dem Panthéon und dem Jardin du Luxembourg.

6, rue victor cousin, 5. arr, www.hotelsorbonne.com, telefon: 01 43 54 58 08, preis: ab 100 €, metro: odéon / rer: luxembourg

(G) Der romantische Innenhof, die ruhige Terrasse, die klassischen Möbel und das professionelle Personal haben das stimmungsvolle **Hôtel des Grandes Écoles** zu einer beliebten Adresse im Quartier Latin gemacht. Gemütliche Cafés und Restaurants befinden sich in unmittelbarer Nähe am Place de la Contrescarpe und in der belebten Rue Mouffetard.

75, rue cardinal lemoine, 5. arr, www.hotel-grandes-ecoles.com, telefon: 01 43 26 79 23, preis: ab 118 €, metro: cardinal lemoine / place monge

HOHE PREISKLASSE

(H) Das angesagte Hotel **Mama Shelter** bietet auf sieben Stockwerken 172 hochmoderne Zimmer, eine Dachterrasse und im Erdgeschoss unter anderem ein Restaurant, eine Lounge und eine Bar mit Terrasse, eine Bibliothek, einen *table d'hôtes* (Gästetisch) XXL und ein Spielzimmer. Das Hotel liegt etwas außerhalb des Zentrums in einer einfachen Gegend, unweit des berühmten Friedhofs Père Lachaise.
109, rue de bagnolet, 20. arr, www.mamashelter.com, telefon: 01 43 48 48 48, preis: ab 140 €, metro: porte de bagnolet

(I) **Villa Madame** ist ein gemütliches kleines, aber doch luxuriöses Hotel und idealer Ausgangspunkt für die vielen Ausgehmöglichkeiten in Saint-Germain-des-Prés. Quasi vor der Haustür liegen nette Boutiquen und viele schöne Cafés und Restaurants. Und in nur wenigen Minuten ist man mitten im Jardin du Luxembourg. Die stilvollen Zimmer lassen keine Wünsche offen. In den Sommermonaten können die Gäste im Innenhof den idyllischen Garten nutzen. Im Winter sorgt ein Feuer im Kamin für behagliche Wärme.
44, rue madame, 6. arr, www.hotelvillamadameparis.com, telefon: 01 45 48 02 81, preis: ab 199 €, metro: saint-sulpice / rennes

(J) Das **Hôtel Duo** macht einen schlichten, minimalistischen Eindruck. Die 58 Zimmer sind modern und elegant eingerichtet, ganz schnörkellos und ohne übermäßigen Luxus. Dieses Hotel im interessantesten Teil des Marais-Viertels bietet eine angenehme Lounge und viel Komfort. Das Centre Pompidou ist gut zu Fuß zu erreichen.
11, rue du temple, 4. arr, www.duoparis.com, telefon: 01 42 72 72 22, preis: ab 200 €, metro: hôtel de ville

(K) Das stilvolle **Hôtel Bourg Tibourg** liegt im Herzen des Marais. Die Zimmer sind geschmackvoll und elegant in neogotischem Stil mit einer asiatischen Note eingerichtet und verfügen über allen erdenklichen Komfort. Der Garten im Innenhof eignet sich hervorragend für einen Aperitif. Ganz in der Nähe locken die Torten und Kuchen des Teehauses Mariage Frères.
19, rue du bourg-tibourg, 4. arr, www.hotelbourgtibourg.com, telefon: 01 42 78 47 39, preis: ab 250 €, metro: hôtel de ville

HÔTEL BOURG TIBOURG Ⓚ

Transport

Paris wird nicht nur Lichterstadt genannt, sondern auch **Auto**-Stadt. Um die Verkehrsströme etwas einzudämmen, hat die Stadt ein zuverlässiges öffentliches Verkehrsnetz aus U-Bahnen (Metro), Schnellbahnen (RER) und Bussen aufgebaut. Für alle Verkehrsmittel gelten dieselben Fahrkarten, die an den Schaltern oder Automaten in den Metro- und RER-Bahnhöfen und den Bushaltestellen des Betreibers RATP erhältlich sind. Eine Einzelfahrkarte kostet 1,70 Euro. Günstiger ist eine Zehnerkarte (*carnet de dix*) für 12,50 Euro (für Kinder von vier bis zehn Jahren 6,25 Euro).

Die **Metro** verkehrt täglich von 5.20 bis 1.20 Uhr, samstags sogar bis 2.20 Uhr. Sonntags fahren die U-Bahnen nicht ganz so häufig. Die Fahrkarten gelten immer nur für eine Fahrt. Umsteigen ist erlaubt, solange man den U-Bahn-Bereich nicht verlässt. Der **RER** ist eine Schnellbahn zwischen Innenstadt und Vororten, fährt aber auch innerhalb der Innenstadt. Der RER hält nicht so oft wie die normale U-Bahn und ist daher eher für längere Strecken geeignet. Er fährt täglich zwischen 4.45 und 1.30 Uhr. Die vielen **Busse** ermöglichen es, in jeden Winkel der Stadt zu gelangen.

Paris ist mittlerweile auch zur **Fahrrad**-Stadt geworden. Weniger Autos, mehr Platz für Fußgänger und Radler, so die Stadtverwaltung. Den Worten sind Taten gefolgt, und seit einigen Jahren existiert in Paris das sogenannte Vélib, ein inzwischen sehr beliebtes Leihsystem mit mehr als 10.000 Fahrrädern und 800 Leihstationen (*www.velib.paris.fr*). Mit einer Kreditkarte kann man ein Fahrrad für einen Tag mieten. Die Ausleihgebühr beträgt zunächst 1,70 Euro, die erste halbe Stunde ist gratis. Wer das Fahrrad länger ausleihen will, bezahlt für die zweite halbe Stunde 1 Euro, für die dritte 2 Euro und für die vierte schließlich 4 Euro je halbe Stunde. Kleiner Tipp: Erst die Kreditkarte zücken, wenn Sie das Fahrrad inspiziert haben und es keinen Platten hat. Die Räder mit einem Platten erkennen Sie in der Regel an dem umgedrehten Sattel. Paris verfügt mittlerweile über 380 Kilometer Radwege. Sonntags sind viele Wege entlang der Seine und dem Canal Saint-Martin für den Autoverkehr gesperrt und den Radlern, Skatern und Spaziergängern überlassen. Auch das Verkehrsunternehmen RATP vermietet Fahrräder (Maison Roue Libre) an verschiedenen Stellen in der Stadt. Gleiches gilt für zahlreiche Fahrradgeschäfte, die teils auch interessante Angebote haben.

Die **Taxi**-Preise in Paris sind ziemlich moderat, und es ist auch kein großes Problem, eines der etwa 5000 Taxis in der Stadt unterwegs anzuhalten, vorausgesetzt, es befindet sich mindestens 50 Meter von einem Taxistand entfernt. Ein Taxi ist verfügbar, wenn das Taxischild und das Licht unter dem Taxischild leuchten. Ist das Licht zwar an, das Schild jedoch nicht, dann ist das Taxi bereits belegt. Taxis lassen sich auch telefonisch bestellen: Taxis G7, Tel. 01 47 39 47 39; Taxis Bleus, Tel. 08 91 70 10 10; Alpha Taxis, Tel. 01 45 85 85 85.

Île de la Cité, Île Saint-Louis & Quartier Latin

Inselzauber & Studentenflair

Im Herzen der Stadt und umgeben vom grüngrauen Wasser der Seine liegen die Inseln Île de la Cité und Île Saint-Louis. Die ganze Île de la Cité wird von der prachtvollen Kirche Notre-Dame überragt. Auf dem Platz vor der Kathedrale ist eine bronzene Kompassrose in das Straßenpflaster eingelassen: der sogenannte Point Zéro (Nullpunkt). Diese Stelle bildet seit 1769 den Ausgangspunkt für alle Wege von und nach Paris. Dass dieser Punkt sich gerade auf der Île de la Cité befindet, ist kein Zufall. Schließlich ist die schiffsförmige Seine-Insel der älteste Teil der Stadt. Von hier aus breitete sich Paris ab dem 3. Jahrhundert auf beiden Seiten der Seine ringförmig aus. Die Brücke Pont Saint-Louis verbindet die Île de la Cité mit der Île Saint-Louis.

Am Südufer der Seine liegt das Quartier Latin, ein wunderbares Stückchen Alt-Paris, in dem sogar Spuren römischer Niederlassungen entdeckt wurden. Seinen faszinierenden Charakter verdankt das Quartier Latin der Ausbreitung des Christentums, der prestigeträchtigen Sorbonne-Universität und den

später gegründeten Grandes Écoles. Diese Hochschulen liegen rund um den Hügel Montagne Sainte-Geneviève, der nach der Schutzpatronin der Stadt benannt wurde. Der Hügel, auf dem sich auch das Panthéon befindet, markiert den höchsten Punkt des linken Seineufers.

Am südlichen Fuß des Hügels, am Place de la Contrescarpe und in der Rue Mouffetard, einer der ältesten Straßen von Paris, gibt es zahlreiche Cafés und Restaurants. Die Rue Mouffetard versprüht mit den vielen Marktständen und alten Häusern eine einmalig schöne Atmosphäre und ist auch bei Studenten sehr beliebt. Das erklärt auch, warum hier abends oft sehr viel los ist.

Eine idyllische grüne Oase ist Jardin des Plantes, der botanische Garten, der 1626 im Auftrag von Ludwig XIII. für den Anbau von Heilkräutern angelegt wurde. Hier kann man schöne alte Gewächshäuser, mit viel Liebe angelegte Blumenbeete, ein Kakteenhaus, einen Zoo und wunderbare Museen bestaunen.

6 Insider-Tipps

Place Dauphine

Die Stille im Herzen von Paris genießen.

Berthillon

Das berühmte Eis probieren.

Mosquée de Paris

Einen Minztee trinken.

Muséum national d'histoire naturelle

Die Schmetterlinge in der Grande Galerie beobachten.

Institut du Monde Arabe

Die Tausenden von Irisblenden bestaunen.

Café Delmas

Einen Platz auf der Terrasse erobern.

Sehenswürdigkeiten

Shoppen

Essen & Trinken

100% there

Sehenswürdigkeiten

② Die **Sainte-Chapelle** wurde vom französischen König Ludwig IX. erbaut, um die Dornenkrone und einen Teil des heiligen Kreuzes von Jesus Christus aufzubewahren. Diese Kathedrale hat zwei Kapellen: Die Unterkapelle war für die Bediensteten des Königs und die Oberkapelle für die Königsfamilie vorgesehen. Die prächtigen Buntglasfenster sind einmalig schön und von großer kunsthistorischer Bedeutung.

4, boulevard du palais, 1. arr, sainte-chapelle.monuments-nationaux.fr, telefon: 01 53 40 60 80, geöffnet: täglich (mo-fr 13.00-14.00 geschlossen), märz-14. mai 9.30-18.00, 15. mai-15. sept. mo-di & do-so 9.30-18.00, mi 9.30-21.00, 16 sept.-okt. 9.30-18.00, nov.-febr. 9.00-17.00, eintritt: 8 €, metro: cité

③ Die **Conciergerie** war das erste Gefängnis von Paris, in dem unter anderem der Revolutionär Georges Danton inhaftiert war. Von der Galerie aus hat man einen guten Blick auf den Platz, auf dem früher die Ehefrauen und Mütter der Gefangenen auf und ab gingen.

2, boulevard du palais, 1. arr, conciergeriemonuments-nationaux.fr, telefon: 01 53 40 60 80, geöffnet: täglich 9.30-18.00, eintritt: 7 €, metro: cité

⑤ Anders als der Name vermuten lässt, ist die **Pont Neuf** ("neue Brücke") vielmehr die älteste – und längste – Brücke von Paris. Sie wurde gebaut, um dem König den Weg von seinem Palast, dem Louvre, zur Saint-Germain-des-Prés-Kirche zu verkürzen, und wurde 1607 von Heinrich IV. festlich eingeweiht.

le pont neuf, 1. arr, metro: pont neuf

⑥ Im Inneren der eindrucksvollen gotischen Kirche **Notre-Dame de Paris** kann man neben zahlreichen Buntglasfenstern und Statuen auch eine der größten Orgeln der Welt bestaunen. Interessantes Detail: Hier setzte sich Napoleon einst selbst die Kaiserkrone auf. Obwohl die Kirche meistens völlig überlaufen ist, lohnt es sich, einen kurzen Blick hineinzuwerfen.

place du parvis de notre-dame, 4. arr, www.notredamedeparis.fr, telefon: 01 42 34 56 10, geöffnet: mo-fr 8.00-18.45, sa-so 8.00-19.15, eintritt: frei, metro: cité / saint-michel

(13) Im **Musée National du Moyen Âge** (Mittelaltermuseum) ist ein sechsteiliger Wandteppich – die "Dame mit dem Einhorn" – ausgestellt, den man nicht verpassen sollte, denn er ist ein wunderbares Beispiel für den Millefleurs-Stil. Auch die galloromanischen Thermen sind sehenswert.
6, place paul painlevé, 5. arr, www.musee-moyenage.fr, telefon: 01 53 73 78 16, geöffnet: mo & mi-so 9.15-17.45, eintritt: 8,50 €, metro: cluny-la sorbonne / saint-michel / odéon

(14) Im Quartier Latin ist die berühmte **Sorbonne** zu Hause, die älteste Universität Frankreichs. Nach wie vor genießt sie ein hohes Ansehen.
12, place du panthéon, 5. arr, www.sorbonne.fr, telefon: 01 40 56 22 11, geöffnet: juli & aug. geschlossen, führung nach voranmeldung, eintritt: frei, metro: cluny-la sorbonne

(16) Das monumentale Gebäude des **Panthéon** ist eines der Meisterwerke des Architekten Soufflot und thront über dem Sainte-Geneviève-Hügel. Diese ehemalige Kirche wurde nach der Französischen Revolution zu einer Gedenkstätte umfunktioniert und ist die letzte Ruhestätte von mehr als 70 berühmten Persönlichkeiten wie Voltaire, Rousseau, Hugo und Zola.
place du panthéon, 5. arr, pantheon.monuments-nationaux.fr, telefon: 01 44 32 18 00, geöffnet: täglich apr.-sept. 10.00-18.30, okt.-märz 10.00-18.00, eintritt: 8 €, metro: cardinal lemoine

(21) Die **Arènes de Lutèce** gelten als ältestes Gebäude von Paris. Die Tribünen dieses Amphitheaters boten mehr als 10000 Zuschauern Platz, die durch 41 Eingänge hineinströmen konnten.
47, rue monge, 5. arr, telefon: 01 45 35 02 56, geöffnet: täglich, sommer 8.00-22.30, winter 8.00-17.30, eintritt: frei, metro: cardinal lemoine

(29) In der Grande Galerie des **Muséum national d'histoire naturelle** erfahren Besucher alles über die Evolution und das Verhältnis von Mensch und Natur. In diesem wunderschön renovierten Bauwerk aus Glas und Metall ist auch eine einzigartige Sammlung präparierter Tiere zu sehen.
36, rue geoffroy-saint-hilaire, 5. arr, www.mnhn.fr, telefon: 01 40 79 54 79, geöffnet: mo & mi-so 10.00-18.00, eintritt: 7 €, metro: censier daubenton / austerlitz / jussieu

INSTITUT DU MONDE ARABE ㉛

㉛ Am Gebäude des **Institut du Monde Arabe**, das in den Achtzigern von
Jean Nouvel entworfen wurde, befinden sich Tausende kleiner,
arabeskenförmiger Metallblenden, die sich je nach Lichteinfall öffnen und
schließen. Im Museum selbst treffen Besucher auf eine beeindruckende
Sammlung zeitgenössischer Kunstgegenstände, religiöser kalligrafischer
Werke und arabischer Musikinstrumente. Vom Restaurant und von der
Terrasse im oberen Stockwerk aus hat man einen schönen Blick über Paris.
*1, rue des fossés-saint-bernard, 5. arr, www.imarabe.org, telefon: 01 40 51
38 38, geöffnet: di-so 10.00-18.00, eintritt: 6 € (dauerausstellung), metro:
jussieu*

Essen & Trinken

(8) Über die Pont Saint-Louis erreicht man die Insel Saint-Louis. Ganz in der Nähe der Seinebrücke, auf der Rückseite von Notre-Dame, liegt **Le Flore en l'Île**. Bestellen Sie auf der Terrasse eine köstliche Tarte Tatin und genießen Sie die wunderbare Aussicht.
42, quai d'orléans, 4. arr, telefon: 01 43 29 88 27, geöffnet: täglich 8.00-2.00, preis: menü 20-30 €, metro: cité

(9) Wer schnell und gut zu Mittag essen möchte, der ist bei **Au Lys d'Argent** an der richtigen Adresse. Die Crêpes sind unwiderstehlich, doch auf der Karte stehen noch viele andere Köstlichkeiten. Probieren Sie beispielsweise eine herzhafte Galette zusammen mit einem Cidre. Auch Kaffee und Kuchen sind hier sehr lecker.
90, rue saint-louis-en-l'île, 4. arr, telefon: 01 46 33 56 13, geöffnet: mo 12.00-18.00, di 12.00-22.30, do-so 12.00-22.00, metro: pont marie

(10) Eis ist in Frankreich weniger gefragt als in Italien. Aber Ausnahmen bestätigen die Regel, und **Berthillon** ist eine äußerst empfehlenswerte Ausnahme. Hier gibt es köstliche Eisbecher, gefüllt mit dem besten Eis der Stadt. Dafür lohnt sich sogar das unvermeidliche Anstehen.
31, rue saint-louis-en-l'île, 4. arr, www.berthillon.fr, telefon: 01 43 54 31 61, geöffnet: mi-so 10.00-20.00, aug. geschlossen, preis: kugel 2,10 €, metro: pont marie

(17) Das **Café de la Nouvelle Mairie** liegt etwas versteckt in einer Seitengasse, in der Nähe des Panthéons. Diese Weinbar ist bei den Studenten und Professoren der École Normale Supérieure und der Grandes Écoles sehr beliebt, die sich hier zum Mittagessen oder auf einen Aperitif treffen. Mit etwas Glück begegnen Sie hier sogar Umberto Eco.
19, rue des fossés-saint-jacques, 5. arr, telefon: 01 44 07 04 41, geöffnet: mo, mi & fr 9.00-21.00, di & do 9.00-24.00, preis: menü 15-25 €, metro: cardinal lemoine

CAFÉ DELMAS ⑱

⑱ Ernest Hemingway nannte das Café des Amateurs "die Kloake der Rue Mouffetard". Inzwischen ist es als **Café Delmas** wiederauferstanden und bei Schülern und Studenten ungemein beliebt. Die Terrasse ist riesengroß und eignet sich hervorragend dazu, die Atmosphäre des Viertels regelrecht in sich aufzusaugen.

2, place de la contrescarpe, 5. arr, www.cafedelmasparis.com, telefon: 01 43 26 51 26, geöffnet: mo-do & so 7.30-2.00, fr-sa 7.30-5.00, preis: 10-26 €, metro: cardinal lemoine

26 CAVE LA BOURGOGNE

(19) Wer auch in Frankreich die Lust auf einen amerikanischen Cake, einen frisch gepressten Saft oder einen Shake verspürt, sollte im **Sugarplum** vorbeischauen. Während die Gäste Cheesecake, Muffins oder Banana Bread schlemmen, wird der Filterkaffee immer wieder nachgeschenkt – gratis natürlich. Außerdem gibt's kostenlosen Internetzugang.
68, rue du Cardinal Lemoine, 5. arr, www.sugarplumcakeshop.com, telefon: 01 46 34 07 43, geöffnet: di-so 12.00-19.00, preis: süßigkeiten 2-4,50 €, metro: cardinal lemoine

(24) Das Publikum hier ist genauso bunt gemischt wie im Rest des Stadtteils: Marktbesucher, Personal der benachbarten Geschäfte, Studenten und Touristen - hier fühlt sich anscheinend jeder wohl. **Le Mouffetard** ist eine typische *bar de quartier* (Stadtviertelkneipe). Ideal, um die Leute und das Treiben in der Rue Mouffetard zu beobachten.
116, rue mouffetard, 5e arr, telefon: 01 43 31 42 50, geöffnet: di-sa 7.30-1.00, so: 7.30-19.00, aug. geschlossen, preis: 10-13 €, metro: cardinal lemoine

(26) Von der Terrasse der **Cave La Bourgogne** aus hat man einen schönen Blick auf die gotische Kirche Saint-Médard. Das Innere des Bistros wird von einer prachtvollen Bar aus Zink dominiert. Zu essen gibt es köstliche Salate, die am besten mit einem erlesenen Burgunder schmecken.
144, rue mouffetard, 5. arr, telefon: 01 47 07 82 80, geöffnet: täglich 7.15-2.00, preis: menü 15 €, metro: censier-daubenton

(34) **La Tour d'Argent** ist eines der ältesten Restaurants Europas und existiert bereits seit 1582. Heute bietet es seinen Gästen das Beste vom Besten der französischen Küche sowie eine wunderbare Aussicht auf Seine und Notre-Dame. Das Auftischen des berühmten Canard Tour d'Argent geht mit einem großen Spektakel einher. Ebenfalls aufsehenerregend ist der gut bestückte Weinkeller. Kurz, eine ausgezeichnete Wahl, wenn es mal etwas Besonderes zu feiern gibt.
15, quai de la tournelle, 5. arr, www.latourdargent.com, telefon: 01 43 54 23 31, geöffnet: di-sa, aug. geschlossen, preis: menü mittags 65 €, abends 160 €, metro: maubert-mutualité / pont marie

Shoppen

(7) Wer auf der Suche nach einer ausgefallenen Kopfbedeckung ist, sollte unbedingt im **Grain de Sable** vorbeischauen. Ob gegen Regen, Sonne, Kälte oder als klassisches, witziges und schickes Accessoire - hier gibt es für jeden was auf den Kopf. Und: Alles wird vor Ort handgefertigt. Wer Glück hat, kann dabei zusehen.
79, rue saint-louis-en-île, 4. arr, www.legraindesable.fr, telefon: 01 46 33 67 27, geöffnet: mo & mi-so 11.00-19.00, di 15.00-19.00, metro: pont marie

(12) Der Buchladen **Shakespeare & Company** steckt voller englischsprachiger Bücher und ist in ganz Paris ein Begriff. Hier stapeln sich die liebevoll ausgesuchten Bücher in jeder Ecke und jeder noch so kleinen Nische. Im Lesezimmer im ersten Stock finden - mit Aussicht auf Notre-Dame - regelmäßig Lesungen und Workshops statt. Die perfekte Umgebung, um in einem guten Buch zu versinken.
37, rue de la bûcherie, 5. arr, www.shakespeareandcompany.com, telefon: 01 43 25 40 93, geöffnet: mo-fr 10.00-23.00, sa-so 11.00-23.00, metro: st. michel-notre dame / cluny-la sorbonne

(20) Teeliebhaber kommen an **La Maison des Trois Thés** einfach nicht vorbei. Die Teekarte dieses Teesalons umfasst mehr als 1000 Sorten. Nehmen Sie sich die Zeit, um neue Tee-Aromen zu entdecken. Und vergessen Sie nicht, Ihren neuen Lieblingstee mit nach Hause zu nehmen.
1, rue saint médard, 5. arr, www.maisondestroisthes.com, telefon: 01 43 36 93 84, geöffnet: laden di-so 11.00-19.30, verkostung di-so 13.00-18.30, metro: place monge

(22) Bei **L'Epée de Bois** zu stöbern, macht einfach Spaß. Erstens, weil die Inhaber Rémi und Geneviève so umwerfend freundlich sind. Und zweitens, weil man in die farbenfrohe und fantasievolle Welt der Kinder eintauchen kann, denn hier gibt es tolles, selbstgemachtes Spielzeug. Unser Favorit: das kleine rote Feuerwehrauto eines korsischen Künstlers.
12, rue de l'épée de bois, 5. arr, telefon: 01 43 31 50 18, geöffnet: mo 13.30-19.30, di-sa 10.30-19.30, so 11.00-13.30, metro: place monge / censier-daubenton

L'EPÉE DE BOIS ㉒

(27)

(20)

(27)

㉕ Bevorzugen Sie eher würzigen Hartkäse oder Weichkäse? Was auch immer Ihre Käsevorlieben sind, Sie sollten unbedingt den seit 1909 bestehenden Käseladen **Androuët** am Markt aufsuchen. Die Auswahl an Ziegenkäse ist sensationell. Ob Frischkäse oder alter Chavignol aus der Loire-Region – hier gibt es die köstlichen Zutaten für einen Salade de chèvre chaud.
134, rue mouffetard, 5. arr, www.androuet.com, telefon: 01 45 87 85 05, geöffnet: di-fr 9.30-13.00 & 16.00-19.30, sa 9.30-19.30, so 9.30-13.30, metro: censier-daubenton

㉗ Die Inhaber der **Maison Franco-Orientale** beschreiben ihr Geschäft als einen Souk, einen marokkanischen Markt. Hier finden Sie orientalische Schätze wie handgefertigten Schmuck, Teegläser aus Afghanistan oder eine große Auswahl an nordafrikanischen Schuhen, die sogenannten Babouches.
19, rue daubenton, 5. arr, telefon: 01 47 07 07 57, geöffnet: täglich 10.30-20.00, metro: place monge / censier-daubenton

㉜ Wer ein typisch französisches Souvenir sucht, sollte sich bei **Diptyque** umsehen. Die berühmten Duftkerzen gibt es zwar überall in Paris, aber es ist schöner, sie hier im Originalgeschäft zu erstehen. Riechen Sie doch mal an den Kerzen, die nach der Adresse des Hauses benannt sind: 34 Boulevard Saint Germain. Nicht gerade billig, aber diese Kerzen duften auch dann wunderbar, wenn sie nicht brennen.
34, boulevard saint germain, 5. arr, www.diptyqueparis.fr, telefon: 01 43 26 77 44, geöffnet: mo-sa 10.00-19.00, metro: maubert-mutualité

㉝ **Aroma-Zone** bietet eine Fülle an Naturkosmetik sowie alles, was man braucht, um diese selbst herzustellen. In der Rue Mouffetard werden inspirierende Workshops rund um die Herstellung von Lippenbalsam, Seife oder Shampoo gegeben.
40, boulevard saint germain, 5. arr, www.aroma-zone.com, telefon: 06 73 34 04 73, geöffnet: di-do 10.00-19.00, fr-sa 10.00-19.30, metro: maubert-mutualité

100% there

(1) Um die Insel **Île de la Cité** herum breitete sich mit der Zeit die Weltstadt Paris aus. Einst bestand sie aus zwei unbewohnten Inseln: der Île aux Vaches ("Insel der Kühe") und der Île Notre-Dame, die zur Kathedrale gehörte. Am Anfang des 17. Jahrhunderts wurden beide Inseln von Christophe Marie miteinander verbunden, und schon um 1664 waren sie vollständig bebaut.
4. arr, metro: cité

(4) Der **Place Dauphine** hinter dem Justizpalast ist ein wunderbarer Platz zum Relaxen. Die monumentalen Gebäude halten den Lärm der Stadt fern, und im Sommer sorgen Bäume für angenehmen Schatten. Auf dem Platz stehen zahlreiche Bänke, die regelrecht dazu einladen, sich hinzusetzen, ein Buch zu lesen oder eine Partie Boule zu verfolgen.
place dauphine, Île de la cité, 1. arr, metro: pont neuf

(11) An immer mehr Brücken tauchen kleine Vorhängeschlösser auf: Verliebte Paare hängen als Symbol für ihre immerwährende Liebe ein Schloss an das Brückengeländer und werfen dann den Schlüssel ins Wasser. Und welcher Ort eignet sich dafür besser als die Stadt der Liebe? Die **Pont de l'Archevêché** ist so eine Brücke, deren Geländer immer voller wird. Nicht nur die Schlösser der Verliebten sind sehenswert, sondern auch der traumhafte Blick auf Notre-Dame.
pont de l'archevêché, 1. und 5. arr, metro: maubert-mutualité

(15) Das unabhängige **Cinéma du Panthéon** ist eines der ältesten Kinos von Paris. Hier kann man aber nicht nur einen Film anschauen, sondern auch etwas trinken gehen oder im Restaurant Le Salon, das von niemand Geringerem als Catherine Deneuve eingerichtet wurde, eine Kleinigkeit essen. Leider hat es nur unter der Woche geöffnet.
13, rue victor cousin, 5. arr, www.whynotproductions.fr, telefon: 01 40 46 01 21, geöffnet: le salon mo-fr 12.00-19.00, metro: luxembourg / cluny-la sorbonne

(23) Die alte Straße **Rue Mouffetard** stammt noch aus der Römerzeit. Wegen der Nähe zum Fluss Bièvre befanden sich hier im Mittelalter vor allem kleine Handwerksbetriebe. Achten Sie mal auf die vielen alten Fassaden-verzierungen, zum Beispiel das Flachrelief an dem Haus mit der Nummer 122 oder die Malereien von Haus Nr. 134. Auch der berühmte Morgenmarkt an der Église Saint-Médard existiert schon sehr lange, nämlich seit dem 7. Jahrhundert. Hier verkaufen Produzenten aus der Region ihre Waren – frisches Obst, Gemüse und selbst hergestellten Käse. Auch die vielen Cafés und Restaurants verleihen dieser Straße eine einzigartige Atmosphäre.

rue mouffetard, 5. arr, geöffnet: markt mi, fr & so 8.00-14.00, metro: place monge

(28) Die **Mosquée de Paris** ist ein 1922 erbautes Monument für die vielen Muslime, die während des Ersten Weltkrieges gefallen sind. Die Moschee kann auch besichtigt werden: Verwöhnen Sie Körper und Seele im Hamam oder besuchen Sie den Gebetsraum (vergessen Sie aber nicht, am Eingang die Schuhe auszuziehen). Außerdem beherbergt die Moschee eine ausgezeichnete Teestube, in der es köstlichen Minztee, eine große Auswahl an arabischen Süßigkeiten und anderen Leckereien gibt. Wer großen Hunger hat, kann im Restaurant gut speisen.

2 bis, place du puits de l'ermite, 5. arr, www.mosquee-de-paris.net, telefon: 01 45 35 97 33, geöffnet: täglich 9.00-12.00 & 14.00-18.00, restaurant täglich 12.30-15.00 & 19.30-24.00, teesalon täglich 9.00-24.00, preis: 6-25 €, metro: place monge

(30) Der wunderschöne **Jardin des Plantes** ist ein Muss für Gartenliebhaber. Man kann hier durch den botanischen Garten und die Rosengärten schlendern oder die Gewächshäuser, den Zoo, den Spielplatz und das Restaurant besuchen.

57 rue cuvier, 2 rue buffon, 36 rue geoffroy-saint-hilaire, place valhubert, 5. arr, www.jardindesplantes.net, telefon: 01 40 79 56 01, geöffnet: winter täglich 8.00-17.30, sommer täglich 7.30-19.45, gewächshäuser di geschlossen, eintritt: frei, gewächshäuser 6 €, metro: censier daubenton / austerlitz

PONT DE L'ARCHEVÊCHÉ (11)

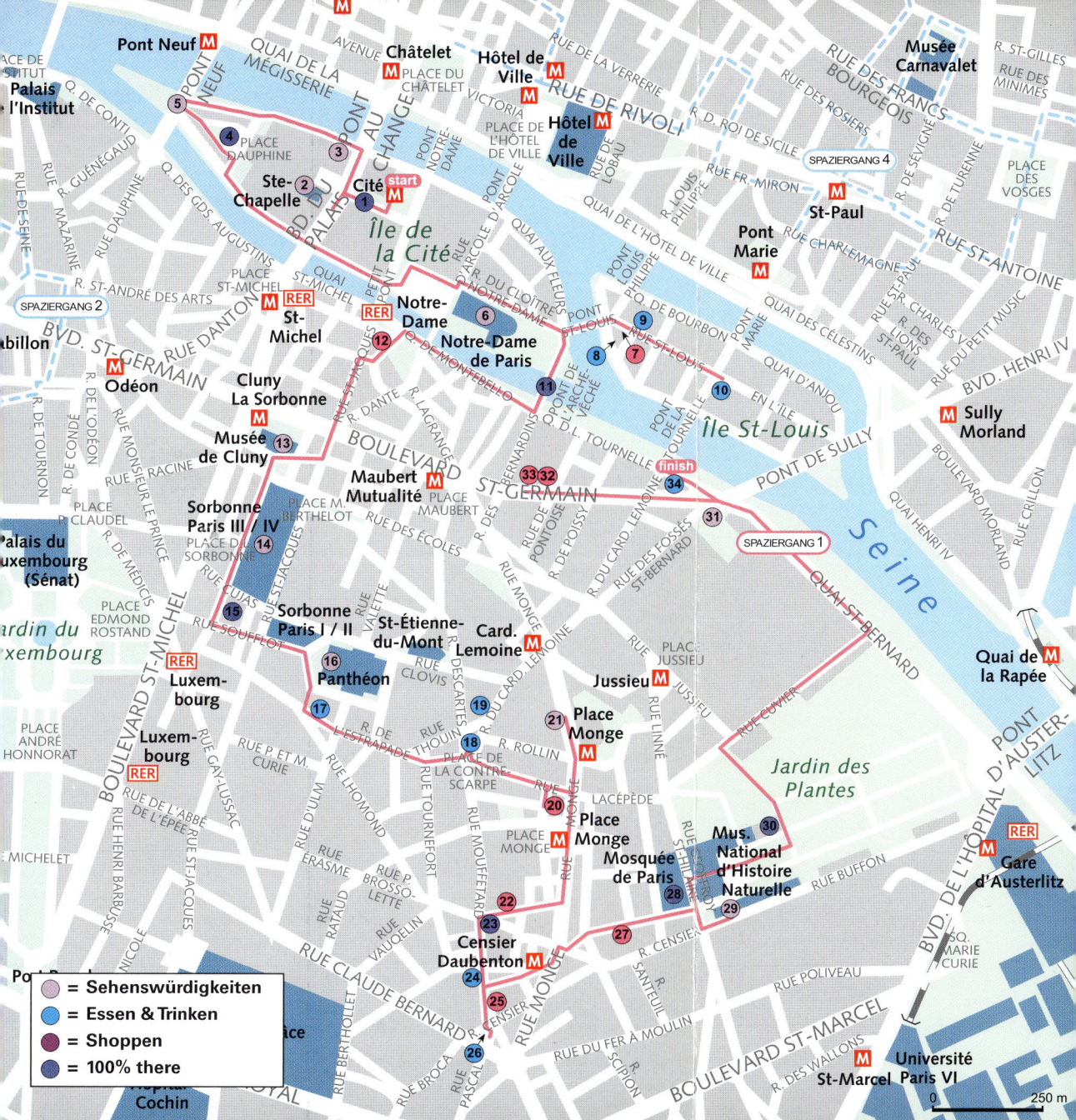

Montparnasse & Saint-Germain-des-Prés

Treffpunkt von Künstlern und Intellektuellen

Das linke Seineufer, Rive Gauche, genießt seit Jahrhunderten große kulturelle Bedeutung. Durch die Gründung der Universität 1215 und die Erfindung des Buchdrucks – die Universität hatte eine Druckpresse – wurde das linke Ufer allmählich zum intellektuellen und literarischen Herzen der Stadt. Gelehrte, Autoren und Verleger ließen sich nieder, und zahlreiche Buchläden und Literaturcafés öffneten ihre Türen. Später, als Anfang des 20. Jahrhunderts vermehrt Künstler hierher zogen, schossen auch die Galerien wie Pilze aus dem Boden. Die Künstler kamen aus Montmartre und wurden von den guten Ausbildungsmöglichkeiten sowie den Ateliers und Cafés des Viertels magisch angezogen. Montparnasse wurde als Künstlerviertel berühmt. Maler, Denker und Komponisten wie Chagall, Picasso, Apollinaire, Cocteau und Satie wohnten und arbeiteten hier und bevölkerten die Cafés.

Zur gleichen Zeit entwickelte sich Saint-Germain-des-Prés zusehends zum Zentrum der Pariser Literaten und Existenzialisten. In den Nachtclubs

2

verbanden sich philosophische, politische und literarische Diskussionen mit dem rauchigen Ambiente des amerikanischen Jazz. Jean-Paul Sartre, Simone de Beauvoir, Ernest Hemingway und Truman Capote waren Stammgäste des berühmten Café de Flore. Obwohl diese Tage längst vergangen sind, ist die aufregende Atmosphäre von damals noch heute zu spüren. Zudem gibt es in dieser Gegend auch fantastische Shoppingmöglichkeiten – vom beliebten Kaufhaus Le Bon Marché bis hin zu zahllosen kleinen Boutiquen.

Der Jardin du Luxembourg, im Volksmund "Luco" genannt, liegt zwischen der Kirche Saint-Germain-des-Prés und dem Quartier Latin. Mittendrin in der prächtigen Parklandschaft erhebt sich das Palais du Luxembourg, der Palast der Königin Maria de' Medici und heute Sitz des französischen Senats. Den Park zieren die bekannten Luxembourg-Stühle, Statuen berühmter Schriftsteller und Künstler sowie schöne, lange Alleen. Auf dem Wasser vor dem Palais lassen kleine Pariser ihre Segelschiffchen fahren.

6 Insider-Tipps

Fondation Cartier pour l'art contemporain

Eine spannende Ausstellung besuchen.

Tour Montparnasse

Die phänomenale Aussicht genießen.

Le Bon Marché

Einen Markenartikel in dem vornehmen Kaufhaus erstehen.

Jardin du Luxembourg

Auf einem Luxembourg-Stuhl Pause machen.

Café de Flore

Wie Picasso auf der Terrasse sitzen.

Deyrolle

Im Raritätenkabinett ins Staunen geraten.

Sehenswürdigkeiten

Shoppen

Essen & Trinken

100% there

Sehenswürdigkeiten

(5) Lassen Sie sich von der Warteschlange nicht abschrecken und steigen Sie die 91 Stufen hinab - in das unterirdische Totenreich voller Knochen aus alten Gräbern. Kein Wunder, dass sich um die **Katakomben** zahlreiche Mythen ranken. Bitte daran denken: Hier ist es sehr kühl, warm anziehen.
1, avenue du colonel henri rol-tanguy, 14. arr, www.catacombes-de-paris.fr, telefon: 01 43 22 47 63, geöffnet: di-so 10.00-16.00, eintritt: 8 €, metro: denfert-rochereau

(6) Das Gebäude der **Fondation Cartier pour l'art contemporain** präsentiert sich mit klaren Linien und viel Glas. Hier finden häufig tolle Sonderausstellungen statt, von Brotskulpturen des Modedesigners Jean-Paul Gaultier bis hin zu Storyboards auf Bierdeckeln vom Regisseur David Lynch.
261, boulevard raspail, 14. arr, www.fondation.cartier.fr, telefon: 01 42 18 56 50, geöffnet: di-so 11.00-20.00, di bis 22.00, eintritt: 9,50 €, metro: raspail

(11) Wer der Hektik entfliehen will, besucht die **Chapelle Notre-Dame de la Médaille Miraculeuse**. Hier werden die Messen oft noch in Latein gehalten.
140, rue du bac, 7. arr, www.chapellenotredamedelamedaillemiraculeuse. com, telefon: 01 49 54 78 88, geöffnet: täglich 7.45-13.00 & 14.30-19.00, metro: sèvres babylone / saint-placide

(19) Der Bau der **Église Saint-Sulpice** dauerte 134 Jahre und wurde erst 1732 abgeschlossen. Im Kircheninneren sind die verschiedenen Bauphasen deutlich zu erkennen. Im Fußboden des Chors befindet sich eine Linie aus Kupfer, die den Pariser Meridian symbolisiert, der genau hier verläuft.
place saint-sulpice, 5. arr, www.paroisse-saint-sulpice-paris.org, telefon: 01 46 33 21 78, geöffnet: täglich 7.30-19.30, eintritt: frei, metro: saint-sulpice

(30) Das **Musée national Eugène Delacroix** liegt im ehemaligen Wohnhaus des Malers. Das einstige Atelier gewährt einen guten Einblick in das Leben und Werk des Künstlers sowie in die Kunstrichtung der Romantik.
6, rue de furstenberg, 6. arr, www.musee-delacroix.fr, telefon: 01 44 41 86 50, geöffnet: mo & mi-so 9.30-17.00, eintritt: 5 €, metro: saint-germain-des-prés / mabillon

Essen & Trinken

(2) Dank der vielen nahe gelegenen Theater besteht die Klientel des **Café Tournesol** in erster Linie aus Schauspielern und Besuchern. Ideal, um nach der Vorstellung die Höhen und Tiefen des Bühnenstücks noch einmal Revue passieren zu lassen.
9, rue de la gaîté, 14. arr, telefon: 01 43 27 65 72, geöffnet: täglich 8.30-1.30, so ab 9.30, preis: menü 10 €, metro: edgar quinet / gaîté

(9) **Mamie Gâteaux** bäckt die besten Teigwaren: Süßes zum Tee oder Herzhaftes zum Mittagessen. Nach dem Tee geht's zum Trödelladen in Hausnummer 70 oder zum Laden von Mamie Gâteaux, Hausnummer 68.
66, rue du cherche-midi, 6. arr, www.mamie-gateaux.com, telefon: 01 42 22 32 15, geöffnet: di-sa 11.30-18.00, preis: mittagessen 12 €, metro: saint-placide

(25) Nach dem Erfolg im Marais hat **Les Étages** hier eine zweite Bar eröffnet. Getränke und Tapas werden im Erdgeschoss bestellt und dann auf einer der oberen Etagen oder auf der Terrasse mit Genuss verspeist.
5, rue de buci, 6. arr, telefon: 01 46 34 26 26, geöffnet: täglich 11.00-2.00, preis: 12 €, metro: odéon

(26) Allein schon wegen der originellen Einrichtung ist das **Café Germain** einen Besuch wert. Eine gigantische gelbe Skulptur von Xavier Veilhan stellt das überladene Interieur in den Schatten: Der Körper einer Frau befindet sich im Erdgeschoss, während ihr Kopf in die obere Etage ragt. Auf der Terrasse stehen nicht die üblichen Rattanstühle, sondern gemütliche rote Bänke. Gute Atmosphäre, abwechslungsreiche Speisekarte.
25-27, rue de buci, 6. arr, telefon: 01 43 26 02 93, geöffnet: täglich 12.00-23.30, preis: 15 €, metro: mabillon

(27) Von der Terrasse der **Bar du Marché** aus kann man wunderbar das Treiben auf den Straßen beobachten. Das Café liegt an der Ecke zur Rue de Buci, einer gemütlichen und lebhaften Marktstraße. Interessantes Outfit: Die Kellner tragen blaue Overalls und Baskenmützen.
75, rue de seine, 6. arr, telefon: 01 43 26 55 15, geöffnet: täglich 7.30-2.00, preis: 5-30 €, metro: mabillon / odéon

㉘ **La Palette**, ein Straßencafé mit großer Terrasse, wird sich hoffentlich niemals verändern, denn es verströmt eine ganz eigene Atmosphäre. Das Café ist ein beliebter Künstlertreff, vor allem dank der nahegelegenen École nationale supérieure des beaux-arts (Kunstakademie) in der Rue Bonaparte. *43, rue de seine, 6. arr, www.cafelapaletteparis.com, telefon: 01 43 26 68 15, geöffnet: täglich 9.00-2.00, preis: 12-20 €, metro: mabillon / odéon*

② **CAFÉ TOURNESOL**

(31) **La Société** ist Treffpunkt der gut betuchten Pariser. Die edle Einrichtung ist klassisch und modern zugleich. An den Wänden hängen Fotografien von Peter Lindbergh, die Bar ziert eine Marmorplatte, und die Karte bietet internationale Küche. Das Motto hier lautet: sehen und gesehen werden. Eine schöne Adresse für besondere Anlässe.

4, place saint-germain, 6. arr, www.restaurantlasociete.com, telefon: 01 53 63 60 60, geöffnet: täglich 8.00-2.00, preis: 25 €, metro: saint-germain-des-prés / mabillon / odéon

(33) Nur wer im **Café de Flore** einen Kaffee getrunken hat, kann behaupten, Saint-Germain-des-Prés wirklich erlebt zu haben. Denn die Geschichte dieses Cafés ist nahezu greifbar. Hier gingen Existenzialisten wie Jean-Paul Sartre und Simone de Beauvoir, Künstler wie Pablo Picasso und Autoren wie André Breton ein und aus. Les Deux Magots, ein paar Häuser weiter, ist - ebenso wie die Brasserie Lipp gegenüber - ein Café voller Traditionen und alter Geschichten

172, boulevard saint-germain, 6. arr, www.cafedeflore.fr, telefon: 01 45 48 55 26, geöffnet: täglich 7.00-2.00, preis: 7-35 €, metro: saint-germain-des-prés

(36) **L'Atelier Joel Robuchon** ist ein kulinarisches Erlebnis. Hier sitzt man um die offene Küche herum und kann daher genau verfolgen, wie die typisch französischen Köstlichkeiten zubereitet werden. Da man hier nebeneinander sitzt, eignet sich das Lokal vor allem für ein Treffen zu zweit.

5, rue de montalembert, 7. arr, www.joel-robuchon.net, telefon: 01 42 22 56 56, geöffnet: täglich 11.30-15.30 & 18.30-24.00, tischreservierungen nur für mittagessen möglich, preis: 45 €, metro: rue du bac

⑰ **ZADIG & VOLTAIRE**

Shoppen

(8) Wer noch ein Mitbringsel für die eigenen Kinder oder Nichten und Neffen sucht, ist bei **Serendipity** genau richtig. Neben Möbeln, Lampen, Kuscheltieren und Spielen gibt es hier wunderschönen Schnickschnack.
81, rue du cherche-midi, 6. arr, www.serendipity.fr, telefon: 01 40 46 01 15, geöffnet: di-sa 11.00-19.00, metro: vaneau / saint-placide

(10) **Le Bon Marché** ist ein Kaufhaus der gehobenen Klasse und Liebling der Pariser. Hier gibt es sie fast alle, die teuren und eleganten Topmarken. Die zweite Filiale des Bon Marché, La Grande Épicerie de Paris, befindet sich in Hausnummer 38 und steht ganz im Zeichen der Kochkunst. Ein Muss für alle, die gerne den Kochlöffel schwingen und gutes Essen lieben.
24, rue de sèvres, 7. arr, www.lebonmarche.com, telefon: 01 44 39 80 00, geöffnet: mo-mi & sa 10.00-20.00, do & fr 10.00-21.00, metro: sèvres babylone

(12) Der **Conran Shop**, ein riesiger Laden mit Designerprodukten und schönen Sachen für zu Hause, ist eigentlich eine Londoner Erfindung, aber in Paris nicht weniger beliebt. Es ist immer wieder schön, in dieser Mischung aus Designklassikern und neuen Entwürfen herumzustöbern.
117 rue du bac, 7. arr, www.conranshop.fr, telefon: 01 53 63 21 37, geöffnet: mo-fr 10.00-19.00, sa: 10.00-19.30, metro: sèvres babylone

(13) Das Unternehmen Hermès löste mit der Eröffnung des **Hermès Rive Gauche** regelrechte Begeisterungsstürme aus. Das historische Gebäude, in dem einst das Badehaus Lutetia war, wurde erstklassig restauriert. Sogar die wunderschönen alten Mosaikfußböden sind erhalten geblieben. Neben den Seidenschals finden Sie hier exklusive Kleidung, Möbel und eine Teestube.
17 rue de sèvres, 7. arr, www.hermes.com, telefon: 01 42 22 80 83, geöffnet: ma-sa 10.30-19.00, metro: sèvres babylone

(14) In dem kleinen, gemütlichen Geschäft **Stealth** gibt es eine ausgefallene Mischung aus Avantgarde-Kleidung und Schmuck für Frauen und Männer. Der Stil ist "urban chic" mit Marken wie Earl Jeans, Fake London und Rogan.
42, rue du dragon, 6. arr, telefon: 01 45 49 24 14, geöffnet: mo 14.00-19.30, di-sa 10.30-19.30, metro: saint-sulpice

Glaces & Sorbets

PIERRE HERMÉ

18

LILLE

2001

32

IRIS

15

agnès b.
HOMM

16

(15) In der schicken Rue de Grenelle gibt es viele Shops voller Designer-Schuhe. Schauen Sie unbedingt mal bei **Iris** vorbei: In einem schlichten Ambiente werden Schuhe von angesagten Designern wie Marc Jacobs, Chloé, Viktor&Rolf und Veronique Branquinho präsentiert.
28, rue de grenelle, 7. arr, www.irisshoes.com, telefon: 01 42 22 89 81, geöffnet: ma-sa 11.00-19.00, metro: saint-sulpice / rue du bac

(16) In der französischen Modewelt ist **Agnès b** jedem ein Begriff, und die bequeme, stilvolle Kleidung darf in keinem Pariser Kleiderschrank fehlen. Die Boutique Agnès b femme und homme präsentiert die eigenen Kreationen in einer schicken Atmosphäre.
6, rue du vieux colombier, 6. arr, www.agnesb.fr, telefon: 01 44 39 02 60, geöffnet: winter mo-sa 10.00-19.00, sommer mo-sa 10.30-19.30, metro: saint-sulpice

(17) **Zadig & Voltaire** starteten 1996 mit einem kleinen Laden im Marais. Inzwischen hat diese Haute-Couture-Marke in Paris einen wahren Kultstatus erreicht, und gleich mehrere Filialen öffneten ihre Türen. Die edlen Kaschmirpullover in den unterschiedlichsten Farben sind einfach unwiderstehlich weich und schön.
3, rue du vieux colombier, 6. arr, www.zadig-et-voltaire.com, telefon: 01 45 48 39 37, geöffnet: mo-sa 10.30-19.30, metro: saint-sulpice

(18) Patissier **Pierre Hermé** ist der Meister der Torten und Macarons. Er hauchte diesem jahrhundertealten Gebäck mit neuen, teils gewagten Geschmackskombinationen wie Grapefruit/Wasabi oder Rose/Pistazie neues Leben ein. Besuchen Sie den kleinen Laden und gönnen Sie sich etwas Leckeres vom legendären Konditor.
72, rue bonaparte, 6. arr, www.pierreherme.fr, telefon: 01 43 54 47 77, geöffnet: mo-mi & so 10.00-19.00, do-fr 10.00-19.30, sa 10.00-20.00, metro: saint-sulpice

㉑ Ob London, Tokio oder Paris - um **Muji** kommen Sie nicht herum. Muji ist *die* Adresse für funktionelle und minimalistische Gebrauchsgegenstände fürs Büro oder fürs Zuhause. Die verwendeten Materialien sind Holz, Pappe, Kunststoff oder Aluminium. Kleidung von Muji finden Sie gegenüber, in Hausnummer 27.
30, rue saint-sulpice, 6. arr, www.muji.fr, telefon: 01 44 07 37 30, geöffnet: mo-fr 10.00-19.30, sa 10.00-20.00, metro: odéon / mabillon

㉒ **Vanessa Bruno** ist die Lieblingsmarke aller modebewussten Französinnen. Weibliche, fließende Linien prägen die Kollektionen, in denen jeder garantiert sein "must have" findet. Hier gibt es auch die etwas günstigere Linie Vanessa Bruno Athé sowie eine sehr gefragte Auswahl an Taschen und Accessoires.
25, rue saint-sulpice, 6. arr, www.vanessabruno.com, telefon: 01 43 54 41 04, geöffnet: mo-sa 10.30-19.30, metro: odéon / mabillon

㉓ Stilvolle kleine Pariser werden bei **Bonpoint** eingekleidet. In dem großen Raum kommt die Kleidung wunderbar zur Geltung. Vom Baby bis zum Teenager - für jedes Alter gibt's hier das passende Outfit. Tipp: der Garten im Innenhof. Unter uralten Kastanienbäumen können Sie in aller Ruhe einen Drink oder ein leichtes Mittagessen genießen.
6, rue de tournon, 6. arr, www.bonpoint.com, telefon: 01 40 51 98 20, geöffnet: di-sa 10.00-19.00, metro: odéon / mabillon

㉔ Japan ist das Land des grünen Tees und das **Maison de Thé Japonais Jugetsudo** ist der Ort in Paris, an dem Sie diesen Tee in der besten Qualität bekommen. In dem ruhigen Ambiente mit viel Bambus und Holz können Sie Sencha, Genmaicha oder Gyokuro probieren und sich die Zubereitungsmethoden und die Rituale der Teezeremonie erklären lassen. Sie finden hier auch eine gute Auswahl an japanischen Teeservices.
95, rue de seine, 6. arr, www.jugetsudo.fr, telefon: 01 46 33 94 90, geöffnet: mo-sa 11.00-19.00, metro: odéon / mabillon

③⑦ **DEYROLLE**

㉙ Das Geschäft der **Huilerie Artisanale J. Leblanc et Fils** versteckt sich in einem sehr schmalen, kleinen Haus. Hier wird Olivenöl eines Produzenten aus dem Burgund angeboten, der die Oliven noch traditionell verarbeitet. Es gibt auch Traubenkernöl, das wunderbar zu Salaten schmeckt.
6, rue jacob, 6. arr, www.huile-leblanc.com, telefon: 01 46 34 61 55, geöffnet: mo 14.00-19.00, di-sa 11.00-19.00, metro: mabillon

㉜ Die Buchhandlung **La Hune** ist genauso eng mit Saint-Germain verbunden wie Jean-Paul Sartre oder das Café de Flore. Die Regale sind mit prächtigen – teils fremdsprachigen – Werken über Design, Architektur, Grafikdesign und Fotografie gefüllt.
170, boulevard saint-germain, 6. arr, telefon: 01 45 48 35 85, geöffnet: mo-sa 10.00-23.45, so: 11.00-19.45, metro: saint-germain-des-prés

㉞ Der kleine Laden **Kerstin Adolphson** bietet neben einem großen Sortiment an Hausschuhen auch eine beeindruckende Auswahl schwedischer Holzschuhe, Socken und anderer Strickwaren wie kuschelig warme Pullover. Auch die einfachen Naturledertaschen sind eine Augenweide.
157, boulevard saint-germain, 6. arr, www.kerstinadolphson.com, telefon: 01 45 48 00 14, geöffnet: mo-sa 10.00-20.00, metro: saint-germain-des-prés

㉟ Anders als der Name vermuten lässt, ist **Upla** eine französische Marke, die 1973 in Les Halles gegründet wurde. Atelier und Boutique liegen direkt nebeneinander. Uplas Verkaufsschlager ist die "Fischertasche" in diversen Farben, Materialien und Größen – einfach, schön und für all diejenigen geeignet, die nicht mit dem Aufdruck einer angesagten Marke herumlaufen wollen (obwohl Upla mittlerweile auch schwer im Trend ist).
5, rue saint benoît, 6. arr, www.upla.fr, telefon: 01 40 15 10 75, geöffnet: mo-sa 11.00-19.00, metro: saint-germain-des-prés

㊲ **Deyrolle** ist ein Erlebnis: knarzende Fußböden und alte Vitrinen, gefüllt mit Raritäten, ausgestopften Tieren, Schmetterlingen, Muscheln – hier kommt man aus dem Staunen nicht mehr heraus. Und seit mehr als 100 Jahren produziert Deyrolle auch sehenswerte Schautafeln.
46, rue du bac, 7. arr, www.deyrolle.com, telefon: 01 42 22 30 07, geöffnet: mo 10.00-13.00 & 14.00-19.00, di-sa 10.00-19.00, metro: rue du bac

100% there

① Der **Tour Montparnasse** ist 209 Meter hoch und kann mit dem schnellsten Aufzug Europas aufwarten: In nur 38 Sekunden ist man im 56. Stock. Hier erwartet Sie eine fantastische Aussicht über Paris - bei klarem Himmel sogar 40 Kilometer weit über die ganze Île-de-France. Mutige treffen sich zwei Etagen höher auf der offenen Terrasse.

33, avenue du maine, 15. arr, www.tourmontparnasse56.com, telefon: 01 45 38 52 56, geöffnet: täglich apr.-sept. 9.30-23.30, okt.-märz so-do 9.30-22.30, fr-sa 9.30-23.00, eintritt: 11,50 €, metro: montparnasse-bienvenüe

③ Die Fassade des **Théâtre Montparnasse**, das 1772 seine Pforten öffnete, wurde wunderschön restauriert. In diesem Theater standen in den 1960er-Jahren Harold Pinter, Arthur Miller, Ewald von Kleist und Fernando Arrabal auf der Bühne. Auch heute finden noch regelmäßig Aufführungen statt.

31, rue de la gaîté, 14. arr, www.theatremontparnasse.com, telefon: 01 43 22 77 74, eintritt: 5-50 €, metro: edgar-quinet / gaîté / montparnasse

④ Im Schatten des Tour Montparnasse liegt der **Cimetière Montparnasse**, ein 1824 für die Bewohner des Rive Gauche errichteter Friedhof. Er ist die letzte Ruhestätte von Berühmtheiten wie Guy de Maupassant, Jean-Paul Sartre, Simone de Beauvoir und Samuel Beckett.

3, boulevard edgar quinet, 14. arr, telefon: 01 44 10 86 50, geöffnet: nov.-15. märz mo-fr 8.00-17.30, sa 8.30-17.30, 16. märz-okt. mo-fr 8.00-18.00, sa 8.30-18.00, so 9.00-18.00, eintritt: frei, metro: edgar quinet

⑦ An der 1797 erbauten **Rue Campagne Première** liegen einige prachtvolle Häuser im Art-déco-Stil. Das Haus Nummer 31a stammt aus dem Jahr 1910 und hat eine der schönsten Fassaden von ganz Paris. Lange Zeit lebte hier Man Ray. Yves Klein dagegen wohnte im Haus mit der Nummer 14, und im Hotel Istria, Hausnummer 29, hatten sich einst Francis Picabia, Marcel Duchamp und Erik Satie eingemietet. 1960 verewigte Jean-Luc Godard diese Straße in seinem Film "Außer Atem" mit Jean-Paul Belmondo in der Hauptrolle.

rue campagne première, 14. arr, campagne.premiere.free.fr, metro: raspail

JEAN PAUL SARTRE
1905 - 1980

SIMONE DE BEAUVOIR
1908 - 1986

⑳ Der **Jardin du Luxembourg** ist eine wunderbare, bei den Einheimischen beliebte grüne Oase zum Relaxen, Spielen und Spazieren. In diesem Park, in dem überall die bekannten Luxembourg-Stühle stehen, liegt auch das sehenswerte Palais du Luxembourg, das zwischen 1615 und 1627 für Maria de' Medici erbaut wurde und heute Sitz des französischen Senats ist. *rue de vaurigard / boulevard saint-michel, 6. arr, www.senat.fr/visite/jardin, geöffnet; von sonnenaufgang bis sonnenuntergang, eintritt: frei, rer: luxembourg / metro: odéon*

Montparnasse & Saint- Germain-des-Prés

SPAZIERGANG 2

Start: Tour Montparnasse (1) mit einem tollen Blick über Paris. Unten geht es weiter Richtung Boulevard Edgar Quinet, von dort rechts in die Rue de la Gaîté (2) (3) oder etwas weiter zum Cimetière Montparnasse (4). Verlassen Sie den Friedhof über die Rue Froidevaux in Richtung der Katakomben am Place Denfert-Rochereau (5). Von hier geht's weiter Richtung Fondation Cartier (6) am Boulevard Raspail. Schauen Sie sich die schönen Fassaden in der Rue Campagne Première (7) an und laufen Sie weiter bis zum Boulevard du Montparnasse. Hier geht's links bis zur Rue du Cherche-Midi (8) (9) und weiter bis zur Rue St. Placide, in die Sie links einbiegen. Diese Straße mündet in die Rue de Bac mit dem Kaufhaus Le Bon Marché (10), der schönen Kirche (11) und dem Conran Shop (12). Über die Rue de Babylone erreichen Sie die Rue de Sèvres (13). Überqueren Sie die Straße, um Kleidung (14) in der Rue du Dragon zu kaufen. Danach rechts in die Rue de Grenelle einbiegen, wo Sie zahlreiche Schuhgeschäfte (15) finden. Gehen Sie zurück in die Rue de Sèvres und von dort in die Rue du Vieux Colombier, dort können Sie ausgiebig shoppen (16) (17) oder Macarons essen (18). Dann rechts in die Rue Bonaparte (19) einbiegen, um den Jardin du Luxembourg (20) zu besuchen. Wer lieber weitershoppen will, findet hierzu in der Rue Saint-Sulpice ausreichend Gelegenheit (21) (22) (23). Danach links (24) und dann gegenüber rechts in die Rue des 4 Vents einbiegen. Hier nehmen Sie die erste Straße links und laufen bis zur Rue de Buci, um etwas zu trinken (25) (26) (27) (28). Über die Rue de Seine erreichen Sie die Rue Jacob und können dort Olivenöl kaufen (29). Anschließend gehen Sie gegenüber in die Rue de Furstenberg und besuchen das Musée national Eugène Delacroix (30). Danach geradeaus bis zur Rue de l'Abbaye und dann rechts bis zur Rue Bonaparte. Hier kurz nach links (31) und dann in den Boulevard Saint-Germain einbiegen. Bei La Hune (32) können Sie in Büchern stöbern und im Café de Flore (33) auf der Terrasse sitzen. Danach geht's weiter Richtung (34), um schwedische Holzschuhe zu kaufen, oder rechts in die Rue Saint Benoît, wo es französische Taschen gibt (35). Am Ende dieser Straße links in die Rue Jacob einbiegen, die in die Rue de l'Université mündet. Weitergehen und links in der Rue Montalembert ein köstliches Essen (36) genießen. Etwas weiter liegt der schöne Laden Deyrolle (37).

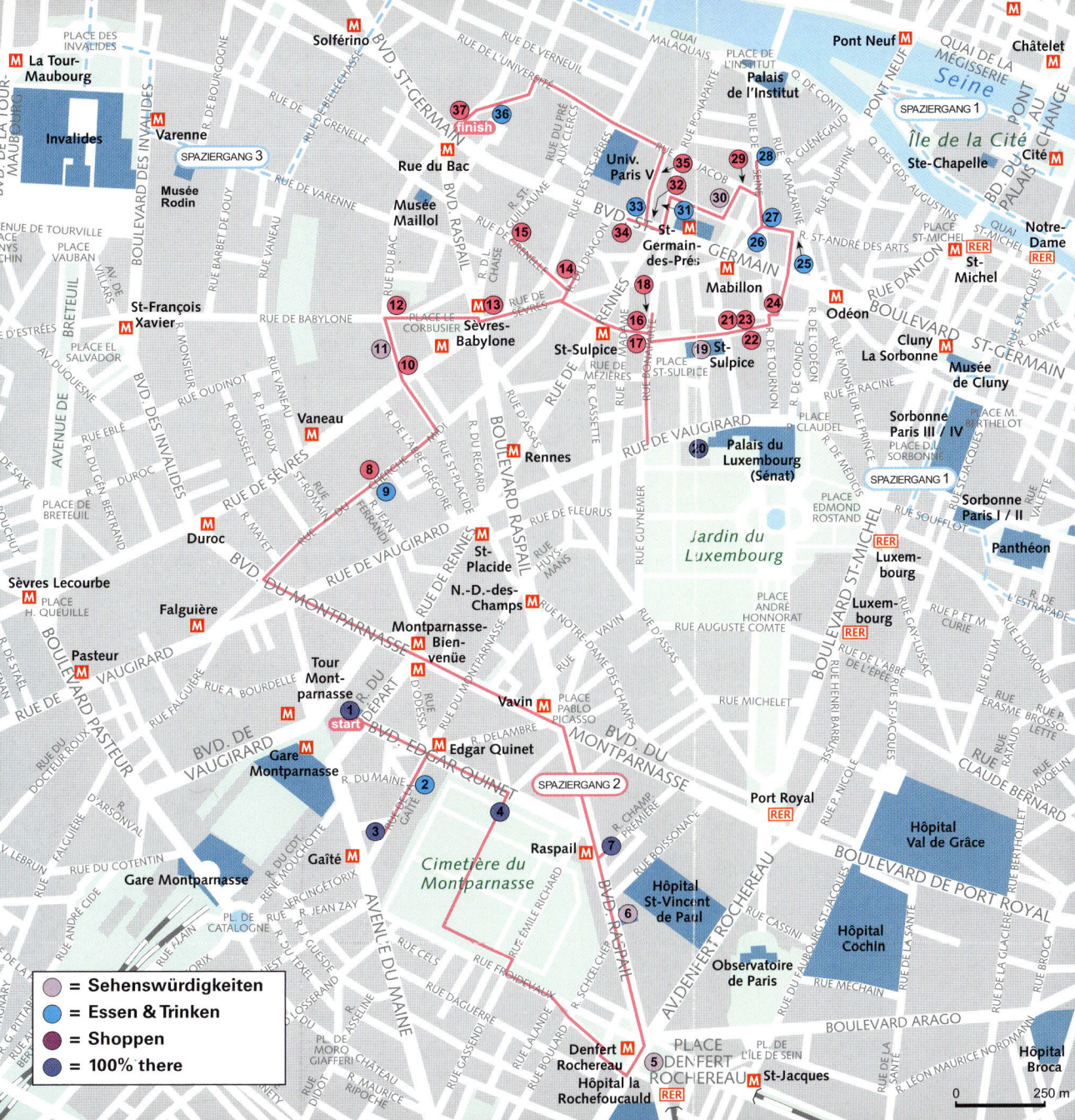

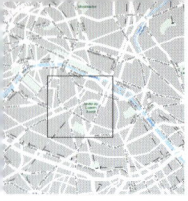

Louvre, Invalides & Champs-Élysées

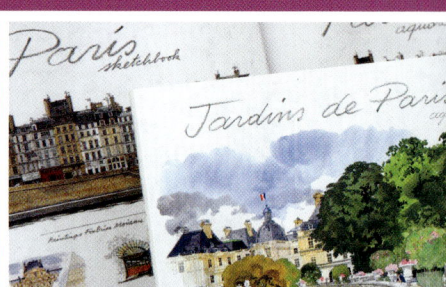

Prachtbauten & Luxusshops

In Paris gibt es zahlreiche historische Bauwerke – Spuren einer jahrhundertealten Zivilisation. Im 11. Jahrhundert begann sich die Stadt am rechten Seineufer auszudehnen; man baute Brücken sowie das Louvre-Schloss, das in den folgenden Jahrhunderten um den Cour Carrée und die Tuilerien erweitert wurde. Im 17. Jahrhundert ließ Ludwig XIV. das Hôtel des Invalides errichten und Paris erhielt seinen "klassischen", von der Renaissance beeinflussten Charakter. Später erbaute Napoleon I. den Arc de Triomphe und führte den Empirestil ein, der sich an den altägyptischen und römischen Baustil anlehnte. Im Zweiten Kaiserreich (1852–1870) entstanden unter Napoleon III. die charakteristischen Boulevards und Avenuen.

Während der industriellen Revolution Ende des 19. Jahrhunderts fingen französische Architekten an, Materialien wie Eisen und Glas zu verwenden. Die besten Beispiele sind der Eiffelturm, das Grand Palais, das Petit Palais und der Pont Alexandre III – alle anlässlich der Weltausstellungen erbaut.

3

Auch jeder französische Präsident hatte sein eigenes Prestigeprojekt: Georges Pompidou das Centre Pompidou, Valéry Giscard d'Estaing das Musée d'Orsay (aus einem Bahnhof wurde ein Museum), François Mitterrand die Pyramide als Eingang zum Louvre sowie die Nationalbibliothek, François Mitterrand und Jacques Chirac das Musée du Quai Branly. Die meisten Bauwerke stehen im Herzen der Stadt, in der Nähe der Seine.

Am und um den Platz mit dem riesigen römischen Tempel La Madeleine gibt es zahlreiche Delikatessenläden und klassische Teesalons. In diesem eleganten Einkaufsviertel finden Sie viele Haute-Couture-Marken sowie exklusive Lederwaren- und Schmuckläden, vor allem in der Rue Saint-Honoré und Rue du Faubourg Saint-Honoré. An der berühmten Avenue des Champs-Élysées haben sich in den letzten Jahren immer mehr Firmen niedergelassen und viele schicke Modeläden öffneten hier ihre Türen. Vor allem rund um die Champs-Élysées befinden sich viele Luxusshops, elegante Restaurants und angesagte Clubs.

6 Insider-Tipps

Carette

Im berühmten Teesalon
Köstlichkeiten probieren.

Musée du Quai Branly

Die bewachsene Mauer
und die Sammlung
bestaunen.

Musée Rodin

Im schönen
Skulpturengarten
lustwandeln.

Café Marly

Auf der Terrasse unter
den Arkaden zu
Mittag essen.

Colette

In einem erstklassigen
Concept-Store einkaufen.

Ladurée

Den Geschmack exquisiter
Macarons entdecken.

 Sehenswürdigkeiten
Shoppen

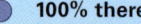 **Essen & Trinken**
100% there

Sehenswürdigkeiten

③ Der **Eiffelturm** wurde 1889 anlässlich der Weltausstellung von Gustave Eiffel entworfen. Damals noch heftig umstritten, ist der Eiffelturm heute das Wahrzeichen der Stadt. Vom dritten Stockwerk aus kann man 65 Kilometer weit sehen. Die Schlangen vor dem Eingang sind meistens endlos lang. Beste Besuchszeit: am frühen Morgen oder am späten Abend.
champs de mars, 7. arr, www.tour-eiffel.fr, telefon: 08 92 70 12 39, geöffnet: täglich 9.30-23.00, mitte juni-ende aug. 9.00-24.00, eintritt: 4,70-13,40 €, metro: bir-hakeim

④ Das 2006 eröffnete **Musée du Quai Branly** bildet aufgrund seiner Form und Farbe einen schrillen Kontrast zum Eiffelturm. In diesem Museum der *arts lointains* (der primitiven Künste) sind mehr als 3500 Kunstwerke zu sehen. Das markante Gebäude ist von einem schönen Park umgeben, in dem zur Seine-Seite hin die *mur végétal* (bewachsene Mauer) steht, angelegt vom Landschaftsarchitekten Patrick Blanc. Das Café-Restaurant im Garten lädt zum Mittagessen im Grünen ein.
37, quai branly, 7. arr, www.quaibranly.fr, telefon: 01 56 61 70 00, geöffnet: di-mi & so 11.00-19.00, do-fr & sa bis 21.00, eintritt: 8,50 €, metro: iéna / alma-marceau / rer: pont de l'alma

⑤ Das **Musée Guimet** besitzt unter anderem eine aus 4500 Gegenständen bestehende Sammlung asiatischer Kunst, zusammengetragen von Emile Guimet (1836–1918). Das Gebäude wurde Ende der Neunziger von den Architekten Henri und Bruno Gaudin renoviert und hat dank der vielen Fenster, Gänge, Durchblicke und Galerien ein helles, großzügiges Ambiente.
6, place d'iéna, 16. arr, www.guimet.fr, telefon: 01 56 52 53 00, geöffnet: mo & mi-so 10.00-18.00, eintritt: 7,50 €, metro: iéna / trocadéro / boissière

⑥ Das **Palais de Tokyo** ist ein experimenteller Schauraum, in dem bahnbrechende Ausstellungen gezeigt werden. Auch der Museumsladen, in dem es Kunstbücher und Designstücke gibt, ist einen Besuch wert. Das Restaurant hat eine schöne Terrasse und bietet internationale Küche an.
13, avenue du président wilson, 16. arr, www.palaisdetokyo.com, telefon: 01 47 23 54 01, geöffnet: di-so 12.00-21.00, eintritt: 3 €, metro: iéna

⑮ MUSÉE DU LOUVRE

⑦ Das **Musée d'Art Moderne** und das Palais de Tokyo befinden sich in einem Gebäude, das 1937 anlässlich der Weltausstellung errichtet wurde. In diesem Museum für moderne Kunst finden Besucher eine beeindruckende Sammlung von Kunstwerken aus dem 20. und 21. Jahrhundert. Eigentümerin der wertvollen Kollektion ist die Stadt Paris.

11, avenue du président wilson, 16. arr, mam.paris.fr, telefon: 01 53 67 40 00, geöffnet: di, mi & fr-so 10.00-18.00, do 10.00-22.00, eintritt: sammlung gratis, ausstellungen 5-11 €, metro: iéna / alma-marceau

(8) Die **Pont de l'Alma** wurde 1997 durch den tödlichen Unfall von Prinzessin Diana im Tunnel unter dieser Brücke weltweit bekannt. Die Kopie der Flamme der Freiheit nahe der Brücke wurde zur Gedenkstätte.
place de l´alma, 8. arr, metro: alma-marceau

(9) Wie das Petit Palais wurde auch das **Grand Palais** anlässlich der Weltausstellung 1900 erbaut. Vor allem das gigantische Dach aus Stein, Stahl und Glas ist sehenswert. Im Grand Palais befinden sich das Wissenschaftsmuseum (Palais de la Découverte) und eine Galerie.
3, avenue du général eisenhower, 8. arr, www.grandpalais.fr, telefon: 01 44 13 17 17, geöffnet: mo, mi & fr-so 10.00-22.00, do 10.00-20.00, eintritt: 9-12 €, metro: champs-élysées clemenceau / franklin d. roosevelt

(10) Das **Petit Palais** beherbergt das Musée des Beaux-Arts de la Ville de Paris, das die Werke bekannter französischer Künstler wie Ingres, Delacroix und Courbet zeigt. Das Café-Restaurant im Garten ist eine wahre Oase.
avenue winston churchill, 8. arr, petitpalais.paris.fr, telefon: 01 53 43 40 00, geöffnet: di-mi & fr-so 10.00-18.00, do 10.00-20.00, eintritt: sammlung gratis, ausstellungen 5-11 €, metro: champs-élysées clemenceau / concorde

(11) 1670 ließ Ludwig XIV. das Hôtel national des **Invalides** erbauen, ein Heim für verwundete Soldaten. Zum Gebäudekomplex gehört auch der Invalidendom mit seiner goldenen Kuppel, in dem Napoleon I. 1861 seine letzte Ruhestätte fand. Hier befindet sich auch das Musée de l'Armée.
129, rue de grenelle, 7. arr, www.invalides.org, telefon: 08 10 11 33 99, geöffnet: apr.-sept. täglich 10.00-18.00, so 10.00-18.30, okt.-märz täglich 10.00-17.00, so 10.00-17.30, eintritt: 9 €, innenhof gratis, metro: invalides

(12) Im **Musée Rodin** im ehemaligen Wohnhaus des gleichnamigen Bildhauers sind neben Skulpturen und Studien Rodins auch Werke von Camille Claudel ausgestellt, die Rodins Geliebte und Aktmodell war. Im Garten befinden sich einige bekannte Skulpturen wie "Der Denker". Das schöne Museum und der Garten können auch einzeln besucht werden.
79, rue de varenne, 7. arr, www.musee-rodin.fr, telefon: 01 44 18 61 10, geöffnet: di-so apr.-sept. 9.30-17.45 (garten bis 18.45), okt.-märz 10.00-17.45, eintritt: 6-10 €, garten 1 €, metro: varenne / invalides

(14) Das **Musée d'Orsay** befindet sich in einem Bahnhof aus dem 19. Jahrhundert, der 1986 renoviert und zum Museum umgebaut wurde. In der riesigen Eingangshalle hängt nach wie vor die große Bahnhofsuhr. Auf den breiten Balkonen sind Skulpturen aufgestellt, und in den Sälen ist eine Sammlung impressionistischer Gemälde in chronologischer Folge zu sehen.
1, rue de bellechasse, 7. arr, www.musee-orsay.fr, telefon: 01 40 49 48 14, geöffnet: di-mi & fr-so 9.30-18.00, do 9.30-21.45, eintritt: 8 €, metro: solférino / assemblée nationale / concorde / tuileries

(15) Das Gebäude im Empirestil, das heute das **Musée du Louvre** beherbergt, war früher eine mittelalterliche Burg und ist später zu einem Palast ausgebaut worden. 1793 öffnete Napoleon den Palast für Besucher, und heute ist der Louvre das reichste und meistbesuchte Museum der Welt. Es gibt unglaublich viel zu sehen: Wer alle ausgestellten Werke auch nur flüchtig betrachten wollte, bräuchte mindestens zwei Tage.
34-36, quai du louvre, 1. arr, www.louvre.fr, telefon: 01 40 20 51 51, geöffnet: mo, do & sa-so 9.00-18.00, mi & fr 9.00-21.45, eintritt: 10 €, metro: palais royal / musée du louvre

(17) Das **Musée des Arts Décoratifs** steht ganz im Zeichen der angewandten Künste wie Design, Innenarchitektur, Werbung, Grafikdesign und Mode. In der Dauerausstellung werden interessante Jugendstil- und Art-déco-Werke sowie Möbelstücke aus dem 20. Jahrhundert gezeigt. Außerdem finden hier Sonderausstellungen statt. Vom obersten Stockwerk haben Besucher eine wunderbare Aussicht auf den Jardin des Tuileries.
107-111, rue de rivoli, 1. arr, www.lesartsdecoratifs.fr, telefon: 01 44 55 57 50, geöffnet: di-mi & fr-so 11.00-18.00, do 11.00-21.00, eintritt: 9 €, metro: palais royal / musée du louvre

(25) Das **Jeu de Paume** verdankt seinen Namen der Tatsache, dass hier Napoleon III. 1851 in der Halle Tennis spielte. Seit einigen Jahren befindet sich im Gebäude das Centre national de la Photographie, das Sonderausstellungen moderner Fotografie zeigt.
1, place de la concorde, 8. arr, www.jeudepaume.org, telefon: 01 47 03 12 50, geöffnet: di 12.00-21.00, mi-fr 12.00-19.00, sa-so 10.00-19.00, eintritt: 8,50 €, metro: concorde

㉖ Der **Place de la Concorde** ist der größte Platz der Stadt. Während der Französischen Revolution spielten sich hier blutige Szenen ab, denn hier stand die Guillotine. Nach dieser Zeit der Umbrüche erhielt der Platz seinen heutigen Namen: Platz der Eintracht. In der Mitte steht der über 3000 Jahre alte Obelisk aus Luxor, den der ägyptische König Muhammad Ali Pascha im Jahr 1831 dem französischen König Louis-Philippe schenkte.
place de la concorde, 1. arr, metro: concorde

③ EIFFELTURM

(28) Das **Musée de l'Orangerie** war einst ein Gewächshaus, in dem Orangen wuchsen. Die wahre Attraktion sind heute aber "Les Nymphéas" (Die Wasserlilien) von Claude Monet aus dem Jahr 1927. Das aus acht Gemälden bestehende Werk nimmt zwei ganze Säle ein. Zudem ist hier auch die Sammlung von Walter Guillaume zu sehen, die Werke von Malern des 20. Jahrhunderts präsentiert.
jardin des tuileries, 1. arr, www.musee-orangerie.fr, telefon: 01 44 77 80 07, geöffnet: mo & mi-so 9.00-18.00, eintritt: 7,50 €, erster so im monat gratis, metro: concorde

(30) Mit **La Madeleine** wollte Napoleon eine Ruhmeshalle für gefallene Soldaten errichten. Da sich der Bau der Halle im römischen Stil jedoch sehr lange hinzog (1764–1842) und letztendlich kaum mehr Interesse an einem Monument für Kriegsopfer bestand, wurde La Madeleine schließlich in eine Kirche umfunktioniert. Neben den täglichen Messen finden hier auch regelmäßig Konzerte statt.
place de la madeleine / 14, rue de surène, 8. arr, www.eglise-lamadeleine. com, telefon: 01 44 51 69 00, geöffnet: täglich 9.30-19.00, eintritt: frei, metro: madeleine

(34) Ursprünglich war das **Musée Jacquemart-André** die Privatresidenz einiger begeisterter Kunstsammler. Heute kann man hier eine vielschichtige Sammlung mit Werken aus dem 18. Jahrhundert und der italienischen Renaissance besichtigen. Tipp: Sonntags-Brunch im eleganten Teesalon.
158, boulevard haussmann, 8. arr, www.musee-jacquemart-andre.com, telefon: 01 45 62 11 59, geöffnet: täglich museum 10.00-18.00, café 11.45-17.30, eintritt: 10 €, metro: saint-philippe du roule / miromesnil

(36) 1806, ein Jahr nach seinem Sieg in Austerlitz, befahl Napoleon den Bau des **Arc de Triomphe**, der aber erst 1836 fertiggestellt wurde. Die vier großen Reliefs auf dem Sockel der Säulen erinnern an die Siege von 1805. Von dem Gebäude hat man einen schönen Blick auf die Champs-Élysées.
place charles de gaulle, 8. arr, www.arc-de-triomphe.monuments-nationaux. fr, telefon: 01 55 37 73 77, geöffnet: täglich apr.-sept. 10.00-23.00, okt.-märz 10.00-22.30, eintritt: 9,50 €, metro: charles de gaulle-étoile

Essen & Trinken

(1) Starten Sie bei **Carette** wie ein echter Pariser in den Tag: mit einem Kaffee und etwas Süßem. In diesem stilvollen Teesalon wird seit 1927 leckeres Gebäck wie Baba à la crème, Gâteau normand oder Macarons serviert: Lassen Sie sich verführen!
4, place du trocadero, 16. arr, www.carette-paris.com, telefon:
01 47 27 98 85, geöffnet: täglich 7.30-24.00, winter 7.30-22.30, preis: 5 €,
metro: trocadero

(13) **Le 20 de Bellechasse** ist ein typisch französisches Bistro, das jeder am liebsten auch bei sich in der Nähe hätte. Hier isst man Klassiker wie Steak Frites, Lachs und Tartar. Äußerst beliebt bei den Einheimischen, also oft sehr voll.
20, rue bellechasse, 7. arr, telefon: 01 47 05 11 11, geöffnet: mo-fr
12.00-14.30 & 20.00-2.00, sa 20.00-2.00, preis: 20 €, metro: solférino

(16) Im **Café Marly** sitzt man mit Blick auf die Pyramide des Architekten Pei unter den Arkaden eines ehemaligen Königspalastes. Ein wunderschöner Ort für die Mittagspause.
93, rue de rivoli, palais du louvre, 1. arr, telefon: 01 49 26 06 60, geöffnet:
täglich 8.00-2.00, preis: 12-35 €, metro: palais royal / musée du louvre

(20) An diesem Platz liegen gleich mehrere Restaurants - von einfach bis elegant wie zum Beispiel **L'Absinthe**. Hier werden ausgezeichnete Fisch- und Fleischgerichte in einem klassisch-charmanten Ambiente serviert.
24, place du marché saint-honoré, 1. arr, www.restaurantabsinthe.com,
telefon: 01 49 26 90 04, geöffnet: mo-fr 12.00-14.00 & 19.00-23.00,
sa 19.00-23.00, preis: menü 30 €, metro: tuileries

(24) Wer ans **Angelina** denkt, der sieht einen köstlichen warmen Kakao vor sich, genauer gesagt: Chocolat Chaud l'Africain. Die Einrichtung dieses Cafés mit Gold und Stuckdecken ist wunderbar traditionell.
226, rue de rivoli, 1. arr, www.angelina-paris.fr, telefon: 01 42 60 82 00,
geöffnet: täglich 9.00-19.00, preis: kakao 7,20 €, metro: tuileries

① CARETTE

(29) Louis Ernest **Ladurée** gründete diese schicke Bäckerei mit Teesalon im Jahr 1862. An der Einrichtung hat sich seitdem kaum etwas verändert. Die Auswahl an Leckereien ist nahezu unbegrenzt. Ein Muss sind die berühmten Macarons, die Spezialität des Hauses.

18, rue royale, 8. arr, www.laduree.fr, telefon: 01 42 60 21 79, geöffnet: mo-do 8.30-19.30, fr-sa 8.00-20.00, so 10.00-19.00, preis: macaron 1,50 €, metro: concorde / madeleine

(33) Das Restaurant **Le Village** befindet sich im Village Royal, einer netten Passage zwischen der Rue Royal und der Rue Boissy d'Anglas. Hierher kommen Pariser, die in der Nähe arbeiten, gerne zum Mittagessen. Im Winter wird die Terrasse beheizt.

village royal, 25, rue royale, 8. arr, telefon: 01 40 17 02 19, geöffnet: mo-fr 8.00-19.00, sa 8.30-19.00, preis: 15-35 €, metro: madeleine

(37) Wer etwas zu feiern hat, der geht ins **Le Chiberta**. Das stilvolle Restaurant von Guy Savoy kann sogar mit einem Michelinstern aufwarten. Hier werden klassische und raffinierte französische Gerichte serviert. Die Weinkarte ist ausgezeichnet, die Flaschen sind sogar ein wichtiger Bestandteil der Einrichtung.

3, rue arsène houssaye, 8. arr, www.lechiberta.com, telefon: 01 53 53 42 00, geöffnet: mo-do 12.00-14.30 & 19.00-23.00, fr 12.00-14.30 & 19.00-23.30, sa 19.00-23.30, preis: menü degustation 100 €, metro: charles de gaulle-étoile

Shoppen

(18) **Colette** ist der beste Concept-Store von Paris. Hier ist alles trendy: Personal und Besucher, Produkte und Einrichtung. Die schönen Dinge werden wie in einer Galerie ausgestellt. Im Restaurant kann man gut zu Mittag essen oder an der Wasserbar ein Glas "australischen Regen" bestellen.
213, rue saint-honoré, 1. arr, www.colette.fr, telefon: 01 55 35 33 90, geöffnet: mo-sa 11.00-19.00, metro: tuileries

(19) Wer ausgefallenen Schmuck sucht, sollte bei **Podium** vorbeischauen. Die kleinen handgefertigten Kunstwerke von beispielsweise Loree Rodkin oder Le Sibille werden stilvoll in alten Vitrinen präsentiert.
334, rue saint-honoré, 1. arr, www.podiumfashion.com, telefon: 09 64 07 46 57, geöffnet: mo-sa 11.00-19.00, metro: tuileries

(21) Wenn die japanische Designerin Rei Kawakubo etwas Neues beginnt, dann wird das garantiert eine Sensation. Das Konzept des Parfümladens **Comme des Garçons Parfums** zum Beispiel krempelte sie radikal um: Das Schaufenster bekam die Farbe Rosa, und die Parfüms sind kaum zu sehen.
23, place du marché saint-honoré, 1. arr, www.comme-des-garcons-parfum. com, telefon: 01 47 03 15 03, geöffnet: mo-sa 11.00-19.00, metro: pyramides

(23) **Les Grands Magasins** – die großen Kaufhäuser – liegen nah beieinander. Das bekannteste sind die Galeries Lafayette mit der wunderbaren Kuppel aus Glas und Stahl. Le Printemps wird weniger von Touristen aufgesucht, und Le Citadium, hinter dem Printemps, hat die neuesten Sportartikel im Sortiment.
galeries lafayette: 40, boulevard haussmann, 9. arr, www.galerieslafayette. com, telefon: 01 42 82 34 56, geöffnet: mo-mi & fr-sa 9.30-19.30, do 9.30-21.00, metro: chaussée d'antin la fayette

(27) Die auf Gartenthemen spezialisierte **Librairie des Jardins** befindet sich direkt hinter dem Eingang zum Jardin des Tuileries. In dem schönen Gewölbe warten über 4000 Bücher und Zeitschriften zu den Themen Gärten, Parks, Blumen und Kräuter auf Käufer mit grünem Daumen.
place de la concorde, 1. arr, telefon: 01 42 60 61 61, geöffnet: täglich 10.00-19.00, metro: concorde

COLETTE ⑱

③① Die 1886 gegründete Patisserie **Fauchon** ist für ihre raffinierten und teuren Köstlichkeiten bekannt. Hier gibt es himmlische Törtchen, einen Teesalon, einen Traiteur, einen Weinkeller und viele weitere Versuchungen.
24-26, place de la madeleine, 8. arr, www.fauchon.com, telefon: 01 70 39 38 00, geöffnet: mo-sa 9.00-21.00, bäckerei 8.00-21.00, teesalon 8.00-18.00, metro: madeleine

③② In der **Maison de la Truffe** dreht sich alles um die wertvollen Trüffel. Im Restaurant steht Omelett mit Trüffeln auf der Karte und im Laden werden Produkte wie Olivenöl mit Trüffelaroma verkauft.
19, place de la madeleine, 8. arr, www.maison-de-la-truffe.com, telefon: 01 42 65 53 22, geöffnet: mo-sa laden 10.00-22.00, verkostung 12.00-22.30, metro: madeleine

100% there

② Das neoklassizistische **Palais de Chaillot** wurde von vier verschiedenen Architekten anlässlich der Weltausstellung 1937 entworfen und erbaut. Von hier aus haben Besucher einen wunderbaren Blick auf den Eiffelturm. Das Palais beherbergt unter anderem die Cité de l'Architecture et du Patrimoine (eine Ausstellung über Architektur) sowie das Théâtre National de Chaillot.
1, place du trocadéro, 16. arr, metro: trocadéro

㉒ Die **Opéra Garnier** wurde zwischen 1862 und 1875 errichtet. Diese riesige "Hochzeitstorte", so der Spitzname des Gebäudes, wurde von Charles Garnier entworfen. Das Gebäude mit den verschiedenen Stilrichtungen beherbergt Hunderte von Skulpturen. Es werden zwar Führungen durch das Gebäude angeboten, aber der Besuch einer Oper ist ein viel schöneres Erlebnis.
ecke rue scribe / rue auber, 9. arr, www.operadeparis.fr,
telefon: 01 44 61 59 65, eintritt: 5-130 €, metro: opéra

㉟ An den **Champs-Élysées**, der "schönsten Avenue der Welt", kann man heute endlos in eleganten Designer-Geschäften shoppen. In den Seitenstraßen Avenue Montaigne und Avenue George V befinden sich die Hauptboutiquen von Dior, Chanel und anderen klangvollen französischen Modenamen.
champs-élysées, 8. arr, metro: charles de gaulle-étoile / george v / champs-élysées clemenceau

Louvre, Invalides & Champs-Élysées

Von der U-Bahn-Station Trocadéro geht's erst zum Frühstücken in Richtung Carette ① . Danach überqueren Sie den Place du Trocadéro ② mit tollem Blick auf den Eiffelturm ③ , den Sie über die Pont d'Iéna erreichen. Vor dem Eiffelturm biegen Sie links in den Quai Branly ④ . Danach gehen Sie über die nächste Brücke. Biegen Sie erst links ab und dann rechts in die Avenue Albert de Mun ein. Von hier aus in die zweite Straße rechts abbiegen, in die Avenue d'Iéna; am Ende liegt das Musée Guimet ⑤ . Über die Avenue du Président Wilson erreichen Sie zwei Museen ⑥ ⑦ . Danach geht's rechts zurück zur Seine. Anschließend links ⑧ zur Pont Alexandre III. Zur Linken sehen Sie das Grand Palais ⑨ und das Petit Palais ⑩ . Danach gehen Sie rechts, über die Brücke, bis zum Invalidendom ⑪ . Dann rechts in den Boulevard des Invalides und in die erste Straße links. Biegen Sie nach dem Musée Rodin ⑫ in die zweite Straße links ein, die Rue de Bellechasse ⑬ , und laufen Sie bis zur Seine. Auf der rechten Seite liegt das Musée d'Orsay ⑭ . Über die Pont du Carroussel erreichen Sie den Louvre ⑮ . Hier ⑯ können Sie eine Pause einlegen. In der Rue de Rivoli gehen Sie links ⑰ . Gegenüber dem Museum biegen Sie in die Rue des Pyramides ein und gehen bis zur Einkaufsstraße Rue Saint-Honoré. Dann links ⑱ ⑲ . Über die Rue du Marché Saint-Honoré erreichen Sie den Platz ⑳ ㉑ . Von dort geht's in die Rue d'Antin und dann zur Avenue de l'Opéra, wo Sie links die Opéra Garnier ㉒ erreichen. Dahinter, am Boulevard Haussmann, befinden sich die großen Kaufhäuser ㉓ . Zurück in der Avenue de l'Opéra biegen Sie rechts in die Rue de la Paix ein. Von dort geht's über den Place Vendôme bis zur Rue de Rivoli. Links zu Angelina ㉔ , ansonsten rechts und dann links bis zum Place de la Concorde ㉕ ㉖ ㉗ ㉘ . Gehen Sie zurück, überqueren Sie die Straße, und biegen Sie in die Rue Saint Florentin ein. Nehmen Sie hier die erste Straße links, die Rue Royale. Gehen Sie rechts ㉙ , umrunden Sie die Kirche ㉚ ㉛ ㉜ und gehen Sie rechts zu Le Village ㉝ . Durchqueren Sie die Gasse Village Royal und gehen Sie zur Rue du Faubourg Saint-Honoré, am Präsidentenpalast vorbei und weiter bis zur Avenue Myron Herrick. Laufen Sie hier rechts zum Musée Jacquemart-André ㉞ oder links bis zu den Champs-Élysées ㉟ . Der Arc de Triomphe ㊱ ist jetzt kaum zu übersehen. Kurz davor, in der Rue Arsène Houssaye, können Sie den Tag stilvoll abschließen ㊲ .

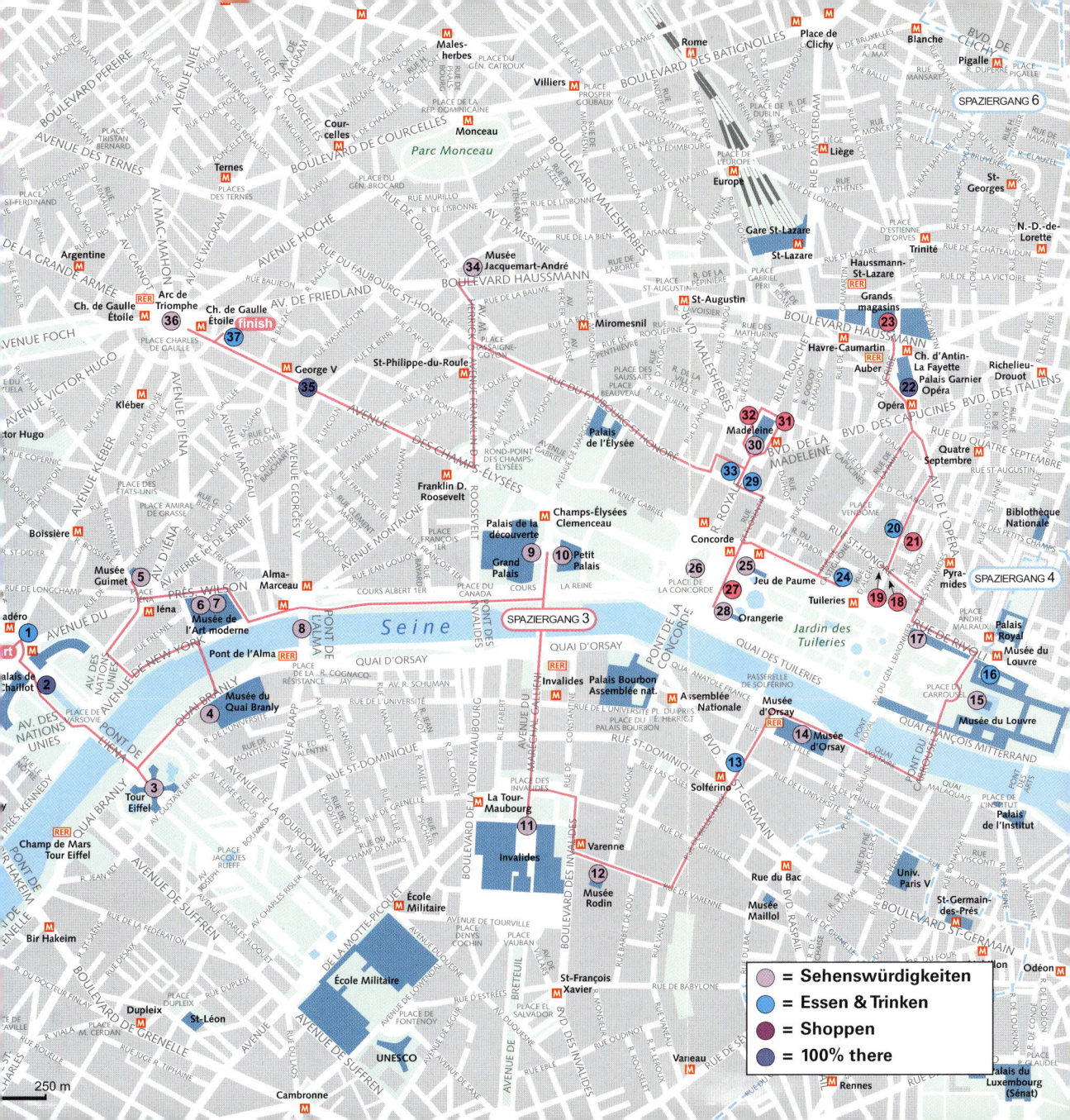

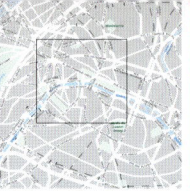

Palais Royal, Les Halles & Le Marais

Der Charme der Geschichte

Im Jahr 1622 begann man mit dem Bau des Palais Royal für Kardinal Richelieu. Im Laufe der Zeit wurde dieser Palast einige Male umgebaut, und nach einer Reihe königlicher Bewohner fanden auch weniger aristokratische Mieter hier eine Bleibe. Im 18. Jahrhundert wurde der Garten öffentlich zugänglich gemacht, jedoch nicht für die Polizei. Daher verwundert es nicht, dass der Palast zum Zentrum allerlei illegaler Aktivitäten wurde. Trotz dieser turbulenten Zeiten ist der Charme vergangener Tage erhalten geblieben.

Der Stadtteil Les Halles hat ein völlig anderes Flair. Hier befanden sich einst die Markthallen, umgeben von vielen Lokalen, in denen die Händler nachts einen Teller Suppe bekamen. 1969 wurden jedoch die Marktstände in den Außenbezirk Rungis verbannt und die Hallen gegen den Widerstand der Bevölkerung abgerissen. Danach entstand 1979 ein unterirdisches Einkaufszentrum: Le Forum des Halles. Der Charakter des Viertels wandelte sich, die Mieten stiegen und viele Anwohner zogen weg. Nur ein paar wenige

4

ursprüngliche Restaurants und Geschäfte sind geblieben. Les Halles wird momentan umfassend renoviert.

Ein anderes modernes Gebäude, welches das Erscheinungsbild des Stadtteils veränderte, ist das Centre Pompidou. Bei der Eröffnung 1977 war das Zentrum für Gegenwartskunst ins Kreuzfeuer der Kritiker geraten, die sich an der ungewöhnlichen Konstruktion mit Stangen, Röhren und grellen Farben störten. Heute ist Paris ohne dieses Bauwerk nicht mehr vorstellbar.

Le Marais war einst ein Sumpfgebiet. Ab dem 6. Jahrhundert wurden viele – zunächst vergebliche – Versuche gestartet, das Gebiet zu entwässern. Im 12. Jahrhundert wurde Le Marais ummauert und schließlich trockengelegt. Die erste Bebauung erfolgte um etwa 1300. Der Adel ließ sogenannte *hôtels particuliers* (Stadtvillen) errichten und den schönsten Platz von Paris, den Place des Vosges, anlegen. Le Marais ist ein charmantes Viertel mit originellen, teils auch sonntags geöffneten Geschäften, gemütlichen Bistros, versteckten Innenhöfen und schmalen Gassen.

6 Insider-Tipps

Palais Royal

Die besondere
Atmosphäre im
Schlossgarten genießen.

MEP

Eine Fotoausstellung
besuchen.

Rue des Rosiers

Die besten Falafel der
Stadt probieren.

Place des Vosges

Auf einer
Terrasse unter Arkaden
Kaffee trinken.

Musée Carnavalet

Mehr über die Geschichte
von Paris erfahren.

Merci

Einkaufen und gleichzeitig
etwas Gutes tun.

Sehenswürdigkeiten

Shoppen

 Essen & Trinken

 100% there

Sehenswürdigkeiten

(5) Wegen Geldmangels dauerte der Bau der **Église Saint-Eustache** mehr als 100 Jahre, von 1532 bis 1637. Das zeigt sich auch an den verschiedenen Stilrichtungen, die von der Gotik bis zur Renaissance reichen. Der Grundriss basiert auf dem von Notre-Dame, das Bauwerk ist groß und prächtig. Hier wurden unter anderem Richelieu und Madame de Pompadour getauft.
2, impasse saint-eustache, 1. arr, www.saint-eustache.org, telefon: 01 42 36 31 05, geöffnet: mo-fr 9.30-19.00, sa 10.00-19.00, so 9.00-19.00, eintritt: frei, metro: les halles

(11) Das **Centre Pompidou** – umgangssprachlich auch "Beaubourg" genannt – wurde von den Architekten Renzo Piano und Richard Rogers entworfen. Obwohl es bei der Eröffnung 1977 Kritik hagelte, wurde das Bauwerk schnell zu einer echten Attraktion. Die Dauerausstellung des Musée national d'Art Moderne besteht aus mehr als 1400 Werken. Es finden auch zahlreiche Sonderausstellungen, Filmvorführungen und Konferenzen statt.
place georges pompidou, 4. arr, www.centrepompidou.fr, telefon: 01 44 78 12 33, geöffnet: mo & mi-so 11.00-21.00, eintritt: 10-12 €, metro: rambuteau

(14) Der **Tour Saint-Jacques** ist der einzige gotische Überrest der Kirche Saint-Jacques-de-la-Boucherie aus dem 16. Jahrhundert. Der Name der Kirche geht darauf zurück, dass hier früher viele Metzger ansässig waren. Die Kirche, die während der Französischen Revolution abgerissen wurde, war einst Sammelplatz für Pilger, die nach Santiago de Compostela aufbrachen.
rue de rivoli, square de la tour saint jacques, 4. arr, geöffnet: nicht öffentlich zugänglich, metro: châtelet

(15) Bereits seit Jahrhunderten ist das **Hôtel de Ville de Paris** das politische Zentrum der Stadt. Als Frankreich noch eine Monarchie war, fanden auf dem großen Platz vor dem Rathaus öffentliche Hinrichtungen statt. 1871 wurde das Gebäude im Auftrag der Commune, der revolutionären Stadtregierung, angezündet. Jahre später renovierte man es anhand des Originalentwurfs.
place de l'hôtel de ville, 4. arr, www.paris.fr, telefon: 01 42 76 40 40, geöffnet: führung nach voranmeldung, metro: hôtel de ville

㉑ Das **MEP**, Maison Européenne de la Photographie, ist in einem renovierten, sogenannten Hôtel particulier untergebracht. Zur Sammlung gehören Werke großer Fotografen wie Helmut Newton, Martin Parr und Sarah Moon. Die Sammlung wird nicht dauerhaft gezeigt, sondern wechselt regelmäßig. Auch die Bibliothek im Erdgeschoss ist einen Besuch wert.
5-7, rue de fourcy, 4. arr, www.mep-fr.org, telefon: 01 44 78 75 00, geöffnet: mi-so 11.00-20.00, eintritt: 7 €, mi 17.00-20.00 gratis, metro: saint-paul / pont marie

㉓ Die **Synagoge Agudath Hakehilot** wurde 1914 vom Jugendstilarchitekten Hector Guimard erbaut, der auch die grünen gusseisernen Metro-Eingänge entwarf. Während der Besatzung wurde diese Synagoge von den Deutschen gesprengt, später jedoch wiederaufgebaut. Heute ist das Bauwerk ein französisches Kulturdenkmal.
10, rue pavée, 4. arr, telefon: 01 48 87 21 54, metro: saint-paul

㉙ Eigentlich darf man Paris nicht wieder verlassen, ehe man auch das **Musée Carnavalet** besucht hat. Dieses Museum über die Geschichte von Paris ist in einem typischen Marais-Bauwerk mit schönem Park untergebracht. Hier können Modelle der Île de la Cité und der Bastille, alte Karten, Grundrisse, Bilder und Gemälde bestaunt werden. Kurz: Hier erfährt man alles über das Pariser Leben seit Gründung der Stadt.
23, rue de sévigné, 3. arr, www.carnavalet.paris.fr, telefon: 01 44 59 58 58, geöffnet: di-so 10.00-18.00, eintritt: frei, ausstellungen 3,30-9 €, metro: saint-paul / chemin vert

㉜ Das **Musée Cognacq-Jay** ist ein kaum bekanntes, aber wunderschönes Museum. Hier wird die Privatsammlung gezeigt, die Ernest Cognacq und seine Frau Marie-Louise Jay in den Jahren 1900 bis 1925 zusammentrugen. Sie umfasst hauptsächlich Gemälde, Zeichnungen, Skulpturen, Porzellan und Möbel aus dem 18. Jahrhundert.
8, rue elzévir, 3. arr, cognacq-jay.paris.fr, telefon: 01 40 27 07 21, geöffnet: di-so 10.00-18.00, eintritt: frei, metro: saint-paul / chemin vert

Essen & Trinken

(7) Das **Comptoir de la Gastronomie** gründete seine Épicerie fine am Ende des 19. Jahrhunderts mit Traditionsprodukten wie Foie gras und Räucherfisch. Im hauseigenen Restaurant werden Regionalgerichte wie Escargots de Bourgogne, Confit de Canard und Crème brûlée serviert. Ein Hochgenuss für Liebhaber der französischen Küche!
34, rue montmartre, 1. arr, www.comptoir-gastronomie.com, telefon: 01 42 33 31 32, geöffnet: restaurant mo-do 12.00-23.00, fr-sa 12.00-24.00, laden mo 9.00-20.00, di-sa 6.00-20.00, preis: restaurant 20 €, metro: les halles

(12) Die trendige Einrichtung des Restaurants **Georges** wurde von Philippe Starck entworfen, und in der Küche schwingen die italienischen Brüder Costes die Kochlöffel. Das Georges liegt im oberen Bereich des Centre Pompidou. Von hier aus haben die Gäste eine tolle, jedoch auch teuer bezahlte Aussicht auf Paris.
centre pompidou, place georges pompidou, 4. arr, telefon: 01 44 78 47 99, geöffnet: mo & mi-so 12.00-1.00, preis: menü 50 €, metro: rambuteau

(13) Bei **La Dame Tartine** gibt es ausgezeichnete Tartines (Sandwiches) sowie andere leckere Mittagsgerichte. Die Terrasse grenzt an den Place Igor Stravinsky, auf dem die farbenfrohen Brunnen von Niki de Saint Phalle und Jean Tingueli eine wahre Augenweide sind.
2, rue brisemiche, 4. arr, telefon: 01 42 77 32 22, geöffnet: täglich 9.00-23.30, preis: mittagessen 10-15 €, metro: rambuteau / hôtel de ville

(19) Das Café **Au Petit Fer à Cheval** im Marais ist ein echter Paris-Klassiker und verdankt seinen Namen der hufeisenförmigen Bar. Die kleine Terrasse eignet sich sehr gut, um die Passanten in der lebhaften Straße zu beobachten.
30, rue vieille du temple, 4. arr, telefon: 01 42 72 47 47, geöffnet: täglich 8.00-2.00, preis: 12-16 €, metro: hôtel de ville / saint-paul

(24) Die Wände im Teesalon **Le Loir dans la Théière** sind mit Figuren aus Lewis Carolls "Alice im Wunderland" bemalt. Bei einer Kanne Tee und einem Stück köstlicher Tarte au citron meringuée kann man in den bequemen Klubsesseln wunderbar einen ganzen Nachmittag lang herumlümmeln.
3, rue des rosiers, 4. arr, telefon: 01 42 72 90 61, geöffnet: täglich 9.30-19.30, preis: mittagessen 10-15 €, tarte 6,50 €, metro: saint-paul

(27) **Chez Janou**, unweit des wunderschönen Place des Vosges, ist bei den Parisern sehr beliebt. In einem eher schlichten Ambiente werden köstliche Spezialitäten aus der Provence serviert. Ein guter Tipp für alle, die das Nationalgetränk der Franzosen, den Pastis, probieren möchten. Die Karte umfasst nicht weniger als 80 Sorten.
2, rue roger verlomme, 3. arr, www.chezjanou.com, telefon: 01 42 72 28 41, geöffnet: mo-fr 12.00-15.00 & 20.00-24.00, sa-so 12.00-16.00 & 20.00-24.00, preis: 15 €, metro: chemin vert

(31) Ins **Café Suédois** geht man, um ein schwedisches Mittagessen zu genießen oder um einfach nur etwas zu trinken. Sowohl drinnen als auch draußen im Innenhof kann man wunderbar sitzen und relaxen. Auf der Karte stehen skandinavische Köstlichkeiten wie schwedischer Lachs, Köttbullar und Zimtbrötchen.
centre culturel suédois, 11, rue payenne, 3. arr, www.si.se/paris, telefon: 01 44 78 80 20, geöffnet: di-so 12.00-18.00, preis: 8 €, metro: saint-paul / chemin vert

(34) Der **Marché des Enfants Rouges** ist der älteste Markt der Stadt. Seinen Namen verdankt er dem Waisenhaus, das hier einst stand und in dem alle Kinder rote Kleidung trugen. In der Markthalle bieten etwa 20 Händler fast täglich allerlei frische Produkte an. Die Pariser und alle anderen Besucher des Marktes genießen es, nach einem Einkauf in einem der vielen Lokale zu frühstücken, zu Mittag oder zu Abend zu essen.
39, rue de bretagne, 3. arr, geöffnet: di-do 8.30-13.00 & 16.00-19.30, fr & sa 8.30-13.00 & 16.00-20.00, so 8.30-14.00, metro: filles du calvaire

LE LOIR DANS LA THÉIÈRE 24

Shoppen

(2) **Legrand Filles & Fils** ist die Pariser Weinautorität schlechthin. Hier gibt es nicht nur die besten Weine der Stadt, sondern auch viele Produkte rund um den Rebensaft. Im Probierlokal werden traditionelle Gerichte serviert, selbstverständlich zusammen mit einem erstklassigen Wein.
1, rue de la banque / eingang über passage vivienne, 2. arr, www.caves-legrand.com, telefon: 01 42 60 07 12, geöffnet: mo 11.00-19.00, di-fr 10.00-19.30, sa 10.00-19.00, metro: bourse

(4) **E. Dehillerin** erinnert noch an die Zeit der alten Markthallen, denn schon seit 1812 kaufen Küchenchefs hier ihre Utensilien. Auf zwei Stockwerken sind Pfannen aus Gusseisen und Kupfer, Suppenlöffel und Schneebesen in allen Größen ausgestellt. Außerdem gibt es praktische Kleinigkeiten wie Zitronenreiben und Backformen für Madeleines.
18-20, rue coquillière, 1. arr, www.e-dehillerin.fr, telefon: 01 42 36 53 13, geöffnet: mo 9.00-12.30 & 14.00-18.00, di-sa 9.00-18.00, metro: les halles

(6) **La Droguerie** ist ein "Handarbeitsladen", in dem Perlen und Knöpfe in allen Farben des Regenbogens angeboten werden. Im Kaufhaus Le Bon Marché befindet sich eine zweite Filiale.
9-11, rue du jour, 1. arr, www.ladroguerie.com, telefon: 01 45 08 93 27, geöffnet: mo 14.00-18.45, di-sa 10.30-18.45, metro: les halles

(8) **Kiliwatch** bietet eine außergewöhnliche Kollektion von Secondhand-Kleidung. Das Geheimnis des Ladens ist die kreative Mischung aus Alt und Neu von Marken wie Diesel, Levi's oder G-Star.
64, rue tiquetonne, 2. arr, www.espacekiliwatch.fr, telefon: 01 42 21 17 37, geöffnet: mo 14.00-19.00, di-sa 11.00-19.20, metro: étienne marcel

(9) Im schicken Designerladen von **Kabuki** sind allerhand Topmarken der Modewelt erhältlich: Givenchy, Missoni, Barbara Bui und Prada. Und die passenden Schuhe finden Sie gegenüber bei Kabuki Chaussures.
damen: 23, rue étienne marcel, 1. arr, herren: 21, rue étienne marcel, telefon: 01 42 33 55 65, geöffnet: mo-sa 11.00-19.30, metro: étienne marcel

(10) Die Atelier-Boutique **Le Petit Atelier de Paris** ist *die* Adresse für wunderbare, handgefertigte Gebrauchsgegenstände aus Keramik. Ob Schüsseln, Tassen oder Schalen - sie alle sind gleich schön. Das französisch-japanische Inhaberpaar stellt alle Stücke vor Ort im Atelier her, was auch die eingeschränkten Öffnungszeiten (Donnerstag bis Samstag) erklärt.
31, rue de montmorency, 3. arr, www.lepetitatelierdeparis.com, telefon: 01 44 54 91 40, geöffnet: do-sa 13.00-20.00, metro: rambuteau

(16) **BHV**, Bazar de l'Hôtel de Ville, ist nicht irgendein schnödes Kaufhaus, sondern eine wahre Fundgrube, denn hier gibt es einfach alles. Der Keller ist ein Eldorado für Heimwerker, denn die Auswahl an Schrauben, Muttern und Bolzen ist gigantisch. Und dann gibt es noch sieben weitere Stockwerke!
55, rue de la verrerie, 4. arr, www.bhv.fr, telefon: 01 42 74 90 00, geöffnet: mo-di & do-fr 9.30-19.30, mi 9.30-21.00, sa 9.30-20.00, metro: hôtel de ville

(17) **Anatomica** verkauft trendige Gesundheitsschuhe unterschiedlicher Marken. Nicht nur bei modebewussten Teenagern beliebt, sondern auch bei Erwachsenen, die ihren Füßen etwas Gutes tun möchten. Das Personal hilft gerne bei der Suche nach dem passenden Schuh.
14, rue du bourg-tibourg, 4. arr, www.anatomica.fr, telefon: 01 42 74 10 20, geöffnet: mo-sa 11.00-19.00, metro: hôtel de ville

(18) **Mariage Frères** ist ein guter Tipp für alle, die gerne Tee trinken und Törtchen schlemmen. Wer den Tee lieber mit nach Hause nehmen will, kann an den über 100 Teesorten jederzeit schnuppern und dann seinen Lieblingstee auswählen. Schöne Tassen und Teekannen gibt es ebenfalls.
30, rue du bourg-tibourg, 4. arr, www.mariagefreres.com, telefon: 01 42 72 28 11, geöffnet: täglich 10.30-19.30, metro: saint-paul / hôtel de ville

(20) Das **Petit Pan** strotzt nur so vor knalligen Farben. Die originelle Auswahl an bezaubernden Kindersachen, Kissen und Stoffen macht einfach gute Laune. Vor allem die Lampions und Mobiles sind echte Hingucker. Witzig: die vielen Gläser voller Knöpfe und allerlei Schnickschnack.
76, rue françois miron, 4. arr, www.petitpan.com, telefon: 01 44 54 90 84, geöffnet: mo-sa 10.30-14.00 & 15.00-19.30, metro: saint-paul

(28) Fast jeder Franzose, ob jung oder alt, hat Turnschuhe von Bensimon im Schrank stehen. Der Concept-Store der beliebten Marke **Home Autour du Monde** verkauft sie in allen möglichen Varianten und Größen, präsentiert wird auch die Kleidungskollektion von Bensimon. Zudem gibt es eine großartige Auswahl an Möbeln, Einrichtungsaccessoires und Geschenkartikeln.
8, rue des francs bourgeois, 3. arr, www.bensimon.com, telefon: 01 42 77 06 08, geöffnet: mo 11.00-19.00, di-sa 10.30-19.00, so 11.00-19.00, metro: saint-paul

(30) Fashionvictims treffen sich bei **L'Eclaireur**. In diesem geschmackvoll eingerichteten Geschäft gibt es Kleidung diverser Luxus-Labels wie Prada, Dries Van Noten, Ann Demeulemeester, Martin Margiela oder Helmut Lang.
40, rue de sévigné, 4. arr, telefon: 01 48 87 10 22, geöffnet: mo-sa 11.00-19.00, metro: saint-paul

(33) **L'Habilleur** verkauft Kleidung der letzten Saison, teilweise bis zu 50 % reduziert. Im Angebot sind Labels wie Olivier Strelli, Martine Sitbon, Patrick Cox, Dice Kayek und andere. Ideal für Schnäppchenjäger.
44, rue de poitou, 3. arr, telefon: 01 48 87 77 12, geöffnet: mo-sa 12.00-20.00, metro: saint-sébastien froissart

(35) Schokolade spielt in der französischen Esskultur eine wichtige Rolle. Kein Wunder also, dass in Paris zahlreiche hochwertige Chocolatiers ansässig sind. Kenner behaupten, dass die **Chocolaterie de Jacques Genin** eine der besten sei. Wer vor Ort probieren möchte, hat dazu im hauseigenen Teesalon Gelegenheit. Die hier angebotenen Millefeuilles, eine Art Cremeschnittchen, sind weltberühmt.
133, rue de turenne, 3. arr, www.jacquesgenin.fr, telefon: 01 45 77 29 01, geöffnet: di-fr & so 11.00-19.00, sa 11.00-20.00, metro: filles du calvaire / oberkampf

(36) **Bonton** ist ein Kinderparadies: drei Etagen voller Kleidung, Accessoires, Möbel und anderer schöner Dinge. Und einen Kinderfriseur gibt es auch.
5, boulevard des filles du calvaire, 3. arr, www.bonton.fr, telefon: 01 42 72 34 69, geöffnet: mo-sa 10.00-19.00, sommer mo-sa 12.00-19.00, metro: filles du calvaire

㊲ **Merci**, ein Concept-Charity-Store im Marais, spendet einen Teil seiner Einnahmen für Kinder in Madagaskar. Das kleine Warenhaus verkauft originelle Kleidung, Dekorationsartikel, Küchenutensilien und Möbel – hip, aber nachhaltig. Im Untergeschoss liegt das Restaurant La Cantine Merci, in dem man gut zu Mittag essen kann, und im Erdgeschoss können Besucher im Used Book Café eine Tasse Kaffee trinken. Eine Tür weiter befindet sich das Merci Cinema Café und in Hausnummer 91, also noch ein Stück weiter, liegt die hauseigene Pizzeria Grazie.

111, boulevard beaumarchais, 3. arr, www.merci-merci.com, telefon: 01 42 77 00 33, geöffnet: mo-sa 10.00-19.00, metro: saint-sébastien froissart

100% there

(1) Im wunderschönen Schlosspark **Jardin du Palais Royal** stehen seit 1986 schwarzweiße Skulpturen von David Buren, die einen spannenden Kontrast zwischen Alt und Neu erzeugen. In den Passagen am Ende des Parks sind kleine Läden untergebracht, die zum Beispiel Parfüm von Serge Lutens, betont weibliche Kleidung im britischen Stil von Stella McCartney, modische Schuhe von Pierre Hardy und schöne Basics von Journal Standard de Luxe anbieten. Die Läden und die traumhaften Terrassen dazwischen schaffen eine Atmosphäre, die es so nur in Paris gibt.
2, place colette, 1. arr, geöffnet: juni-aug. 7.00-23.00, sept.-mai 7.00-21.30, metro: palais royal-musée du louvre

(3) Paris besitzt zahlreiche Einkaufspassagen. Die mit Glas überdachten *galeries* wurden im 19. Jahrhundert unter Leitung des Stadtarchitekten Haussmann erbaut, der sich höchstwahrscheinlich von der Architektur der arabischen Souks inspirieren ließ. Die 1823 errichtete **Galerie Vivienne** im Empirestil ist nicht nur die am besten erhaltene, sondern auch die populärste.
eingänge: 5, rue de la banque, 4, rue des petits-champs, 6, rue vivienne, 2. arr, www.galerie-vivienne.com, geöffnet: täglich 9.00-20.00, metro: bourse

(22) Das kleine Dorf **Village Saint Paul** wurde in der Zeit erbaut, als das Marais renoviert wurde. Es ist ein von Häusern umgebenes Labyrinth aus Innenhöfen mit Galerien, Buch- und Antikläden, Restaurants und Cafés. In dieser - von der Außenwelt nahezu abgeschnittenen - Umgebung herumzuschlendern ist ein wahrer Genuss.
village saint paul (zwischen quai des celestins, rue saint-paul und rue charlemagne) 4. arr, www.levillagesaintpaul.com, geöffnet: täglich 11.00-19.00, metro: saint-paul / pont-marie

(25) Die **Rue des Rosiers** ist eine lebhafte Straße mit vielen jüdischen Restaurants, in denen sich die Pariser am Wochenende mit Falafel eindecken. Die Auswahl ist riesengroß. Wer sich irgendwo hinsetzen möchte, kann versuchen, einen Tisch bei Chez Marianne an der Ecke zur Rue des Hospitalières-Saint-Gervais zu ergattern.
rue des rosiers, 4. arr, geöffnet: täglich 12.00-24.00, metro: saint-paul

㉖ Für viele ist der **Place des Vosges** der schönste Platz der ganzen Stadt. Das Marais war früher eine beliebte Wohngegend der Aristokratie und der Bourgeoisie. Dies brachte König Heinrich IV. 1605 auf die Idee, in diesem Viertel einen von 36 Wohnhäusern umgebenen, rechteckigen Park anlegen zu lassen. Viele berühmte Franzosen zog es hierher: Kardinal Richelieu wählte Hausnummer 21 und der Schriftsteller Victor Hugo Hausnummer 6. Die vielen Bänke und gemütlichen Straßencafés sind ideal, um eine Pause einzulegen.
place des vosges, 4. arr, metro: saint-paul / bastille

Palais Royal, Les Halles & Le Marais

Start an der Metrostation Palais Royal/Musée du Louvre. Von hier aus geht's Richtung Jardin du Palais Royal (1). Auf der anderen Seite, in der Rue des Petits Champs, gehen Sie rechts und gleich links in die Rue de la Banque (2) (3). Danach zurück zur Rue des Petits Champs und gegenüber in die Rue la Vrillière. Dann rechts und gegenüber in die Rue Cocquillière (4). Diese mündet in die Rue Rambuteau, der Sie bis zur Rue du Jour folgen. Hier gehen Sie links, vorbei an der Kirche (5) (6) bis zur Rue Montmartre. Links (7) und dann rechts in die Rue Tiquetonne (8). Bei der Rue Montorgeuil rechts bis zur Rue Etienne Marcel, dann links (9). Die Straße geht über in die Rue aux Ours, die Sie bis zum Ende gehen. Links in die Rue Beaubourg bis zur Rue Montmorency (Keramik) (10) oder rechts bis zur Rue Rambuteau, wo Sie wieder rechts abbiegen. Links liegt das Centre Pompidou (11) (12). Weiter geht's bis zur Rue Brisemiche, an dem Springbrunnen (13) vorbei. Gehen Sie hier links zur Rue du Renard, in die Sie rechts einbiegen. In der Rue de Rivoli halten Sie bei La Tour Saint Jacques (14). Oder gehen Sie links, vorbei am Hôtel de Ville (15) und am BHV (16). An der Rue du Bourg-Tibourg gehen Sie links (17) (18). Am Ende der Straße rechts abbiegen und bis zur Rue Vieille du Temple laufen. Hier wieder rechts (19) oder links in der Gasse Rue du Trésor eine Pause einlegen. Gehen Sie weiter bis zur Rue François Miron. Hier links (20) und dann rechts in die Rue de Fourcy (21). Weiter bis zur Rue Charlemagne, dann links (22). Am Ende der Rue Charlemagne links in Richtung Rue de Rivoli. Hier links zur Synagoge (23) oder zum Tarte- (24) und Falafelessen (25). Ansonsten gehen Sie rechts. Bei der Rue de Brague links Richtung Place des Vosges (26). Weiter bis zur ersten Straße rechts, hier gibt's Pastis (27). Oder gehen Sie links bis zur Einkaufsstraße (28). An der Rue de Sévigné rechts (29) (30). Am Ende laufen Sie links und dann die erste Straße links, Rue Payenne (31). Am Ende der Straße rechts und in die erste Straße rechts, Rue Elzévir, einbiegen (32). Gehen Sie links in die Rue de la Perle und an der Rue Charlot rechts. Schauen Sie in der zweiten Straße rechts bei (33) vorbei oder gehen Sie über (34) zum Kreisverkehr und dort rechts in die Rue de Turenne (35). Von hier in die dritte Straße links, Rue Froissart, (36) einbiegen. Rechts in den Boulevard Beaumarchais, dort liegt der witzigste Laden von Paris (37).

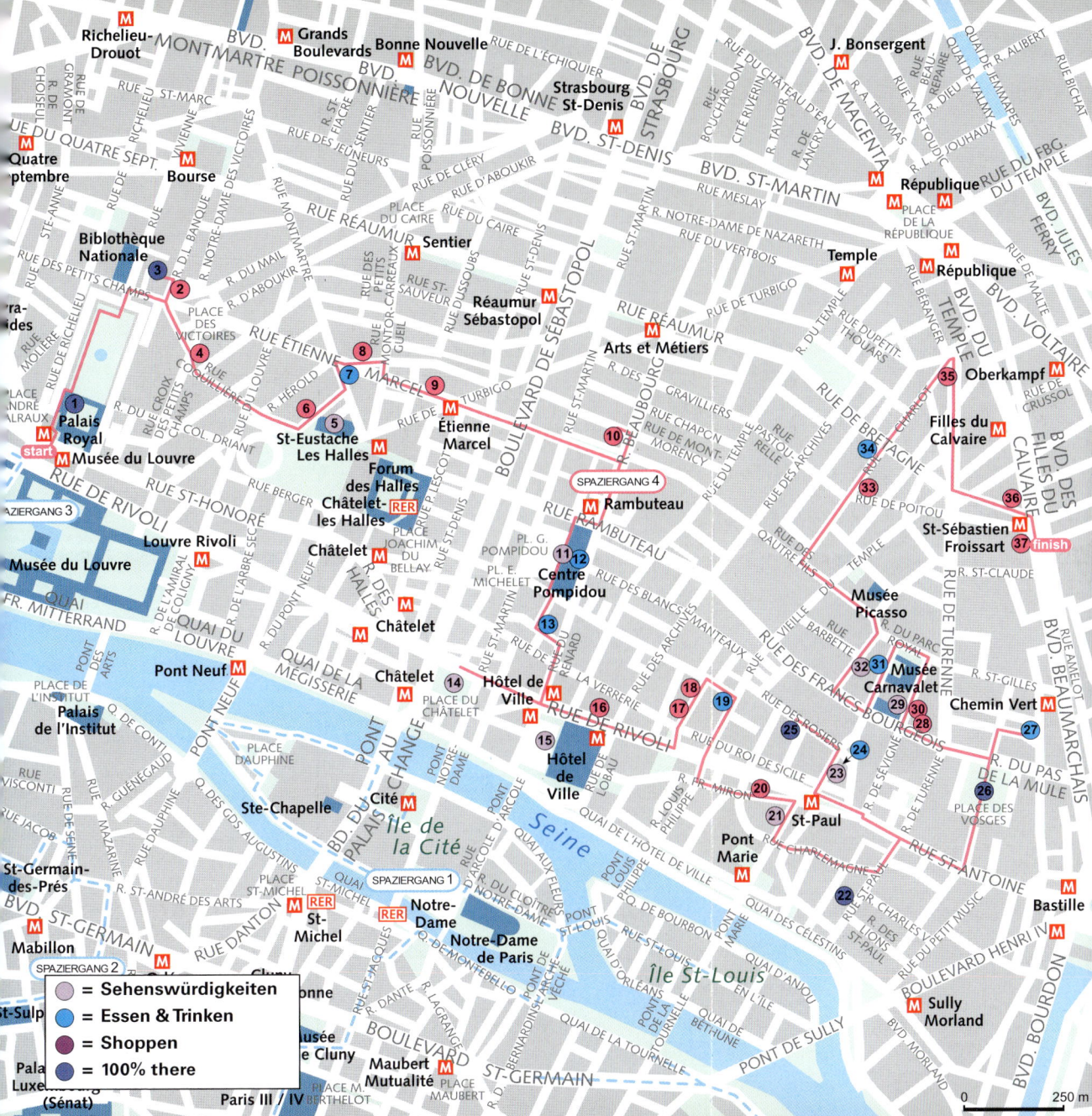

Belleville & Ménilmontant

Arbeiterviertel und Schmelztiegel der Nationen

Der Parc des Buttes Chaumont, einer der neueren Parks von Paris, ist von einer eigenwilligen Landschaftsarchitektur geprägt. Vom höchsten Punkt der *buttes* (Hügel) blicken Besucher auf Sacré-Coeur und auf das Arbeiterviertel Belleville. Dieser Stadtteil, in dem die Chansonniere Edith Piaf aufwuchs, verströmt noch immer die Atmosphäre des alten Paris.

Die Rue de Belleville, vor allem der nördliche Teil, ist noch eine echte Arbeiterstraße mit typischen Kneipen und einfachen Reihenhäuschen. Im südlichen Teil dagegen hat sich im Laufe der Zeit ein multikulturelles Flair ausgebreitet. Außer vielen Chinesen leben hier auch Immigranten aus allen möglichen Ländern. Am Boulevard de Belleville und in dessen Umgebung gibt es zahlreiche China-Restaurants, Läden mit exotischen Lebensmitteln, Straßenhändler und farbenfrohe Märkte. In diesem Schmelztiegel der Nationen haben sich auch viele Künstler niedergelassen, was man an den unzähligen kleinen Ateliers und Galerien gut sehen kann.

5

Am Rand des Stadtteils Belleville liegt ein kleiner, eher unbekannter Park: der Parc de Belleville. Auch dieser Park bietet von der Spitze des Hügels eine phänomenale Aussicht über die ganze Stadt. Die Mühen, die mit dem Besteigen des Hügels einhergehen, sind allemal besser als das stundenlange Anstehen am Eiffelturm – den man übrigens von hier aus sehr gut sieht.

Belleville geht fast unbemerkt in Ménilmontant über, ebenfalls ein Arbeiterviertel mit charakteristischen Kneipen und kleinen Läden. Hier gibt es Straßen mit einem Mix aus verwahrlosten und modernen Wohnhäusern. In diesem Viertel liegt auch der berühmte Friedhof Père Lachaise mit seinen schönen Alleen und Kastanienbäumen. Das lebhafte Ambiente von Ménilmontant spiegelt sich auch in der Rue Oberkampf wider. Obwohl diese Straße komplett renoviert wurde, blieb ihr ursprünglicher Charakter erhalten. Originelle Geschäfte wechseln sich mit gemütlichen Cafés und Bars ab, die nicht nur bei jungen Parisern aus dem Zentrum, sondern auch bei den Leuten aus dem Viertel sehr beliebt sind.

6 Insider-Tipps

Parc des Buttes Chaumont

Den Gipfel erstürmen und die Aussicht bewundern.

L'Embellie

Auf die Suche nach einem schönen Geschenk gehen.

La Mer à Boire

Über den Dächern von Paris einen Wein trinken.

Le Baratin

Ausruhen und köstlich zu Mittag essen.

Cimetière du Père Lachaise

Die Gräber berühmter Personen aufsuchen.

Le Chateaubriand

Ein ganz besonderes Abendessen genießen.

 Sehenswürdigkeiten

 **Essen & Trinken**

Shoppen

100% there

Sehenswürdigkeiten

(8) Der am 5. November 1688 in Montpellier geborene Mathematiker Louis-Berthrand Castel war ein Gegner der naturwissenschaftlichen Sichtweise von Sir Isaac Newton. Die **Villa Castel**, die seinen Namen trägt, ist vor allem aus dem Film "Jules und Jim" bekannt. Der berühmte französische Regisseur François Truffaut drehte hier nämlich ein paar Szenen. Öffnen Sie mal das gusseiserne Tor, um einen Blick auf die Villa zu werfen.
16, rue du transvaal, 20. arr, geöffnet: nicht öffentlich zugänglich, metro: pyrénées

(29) Edith Piaf wurde am 15. Dezember 1915 in der Rue de Belleville, Hausnummer 72, geboren. Sie verbrachte ihre Jugend wortwörtlich auf den Straßen von Belleville und Ménilmontant. Im **Musée Edith Piaf** erfahren Sie anhand von Erinnerungsstücken, Fotos, Briefen, Plakaten und Theaterkostümen alles über ihr turbulentes Leben. Wer das Museum besuchen möchte, sollte sich am besten zwei Tage vorher anmelden.
5, rue crespin du gast, 11. arr, telefon: 01 43 55 52 72, geöffnet: besuch nach voranmeldung, mo-mi 13.00-18.00, do 10.00-12.00, juni & sept. geschlossen, eintritt: frei, metro: ménilmontant

(33) Der berühmteste und größte Friedhof von Paris ist der **Cimetière du Père Lachaise**. Er ist die letzte Ruhestätte von Oscar Wilde, Marcel Proust, Sidonie-Gabrielle Colette, Edith Piaf, Jim Morrison, Frédéric Chopin und noch vielen anderen mehr oder weniger bekannten Persönlichkeiten. Entlang der von Kastanienbäumen gesäumten Alleen lässt sich eine große Vielfalt an unterschiedlichen Gräbern bestaunen: kleine Paläste und Grabruinen, Gräber mit Marmorsäulen, Engeln, Porzellanfiguren und vieles mehr.
boulevard de ménilmontant (haupteingang), 20. arr, www.pere-lachaise.com, telefon: 01 55 25 82 10, geöffnet: mo-fr ab 8.00, sa ab 8.30, so ab 9.00, schließung 6. nov-15. märz 17.30, 16. märz-5 nov. 18.00, eintritt: frei, metro: père lachaise

Essen & Trinken

(2) Das in einem Pavillon gelegene **Rosa Bonheur** ist tatsächlich ein *bonheur* (Glück). An Sommertagen mit Wein und Tapas auf der Terrasse zu sitzen ist einfach traumhaft. Abends werden Lampions angezündet, und am Wochenende kann man hier nicht nur trinken und essen, sondern auch tanzen. Machen Sie sich hier auf die Suche nach dem Glück ...
2, allée de la cascade, 19. arr, www.rosabonheur.fr, telefon: 01 42 00 00 45, geöffnet: mi-so 12.00-24.00, metro: botzaris / buttes chaumont

(6) **L'Alta Rocca** ist ein Miniladen voller korsischer Spezialitäten. Im Lokal gibt es einige sehr kleine Tische, an denen man die leckeren Käse- und Fleischhäppchen probieren kann – selbstverständlich mit einem Glas korsischem Wein.
3, rue de la villette, 19. arr, telefon: 06 18 07 37 49, geöffnet: mo-sa 9.30-13.30 & 16.00-19.00, preis: 5-15 €, metro: jourdain / pyrénées

(7) Wer einfach nur etwas trinken möchte, findet keine bessere Adresse als **La Mer à Boire**. Von der Terrasse aus bietet sich ein herrlicher Blick auf die Dächer von Paris, und auch im Innenbereich hat das Lokal so einiges zu bieten. Die meisten Gäste kommen wegen der guten Drinks und der relaxten Atmosphäre, weniger wegen des Essens, obwohl das auch nicht schlecht ist. Es werden hier regelmäßig Ausstellungen, Lesungen, Diskussions- und Musikabende veranstaltet.
1-3, rue des envierges, 20. arr, www.la.meraboire.com, telefon: 01 43 58 29 43, geöffnet: di-sa 12.00-1.00, so 12.00-18.00, preis: 8 €, metro: pyrénées

(12) **Le Baratin** ist ein nettes, typisches Pariser Bistro mit einer hervorragenden Weinkarte. In ihrer kleinen Küche bereitet Raquel Caréla traditionelle französische Gerichte zu. Lassen Sie sich zum Mittagessen ein Glas Sagesse de Gramenon schmecken. Das Bistro ist bei den Parisern sehr beliebt, also am besten vorher einen Tisch reservieren.
3, rue jouye-rouve, 20. arr, telefon: 01 43 49 39 70, geöffnet: mo 12.00-14.30, di-fr 12.00-14.30 & 19.00-23.00, sa 19.00-23.00, preis: mittagessen 15 €, abendessen 25 €, metro: pyrénées / belleville

⑬ Wer schnell und gesund zu Mittag essen möchte, sollte bei **Zoé Bouillon** vorbeischauen. Als Mittagsmenü bietet diese nette "Restobarboutique" eine Suppe aus frischen Zutaten, einen Salat, ein Stück herzhaftes Gebäck und als Nachtisch ein Stück süßen Kuchen an.
66, rue rébeval, 19. arr, www.zoebouillon.fr, telefon: 01 72 63 60 70, geöffnet: mo-sa 11.30-15.30, preis: 9-11 €, metro: belleville / pyrénées

⑭ Scheinbar mühelos kombiniert **Valentin** die französische Küche mit argentinischen und thailändischen Einflüssen. Daher gibt es in dem gemütlichen Bistro neben saftigen argentinischen Steaks auch Thai-Curry und typisch französische Gerichte, oft auch neue Kreationen wie Pot au Feu mit thailändischen Gewürzen. Auf der Weinkarte stehen ein paar köstliche südamerikanische Tropfen.
64, rue rébeval, 19. arr, telefon: 01 42 08 12 34, geöffnet: mo-fr 12.00-14.30 & 20.00-23.30, sa 20.00-23.30, preis: 15 €, metro: belleville / pyrénées

⑮ **Lao Siam** hat in Belleville einen guten Ruf. In diesem fernöstlich eingerichteten Restaurant werden thailändische und laotische Gerichte zusammen mit Singha-Bier serviert. Zwar halten hier noch keine Limousinen vor der Tür, aber die Pariser Filmbranche hat dieses Lokal scheinbar als Kantine auserkoren. Um einen Tisch zu ergattern, braucht man Geduld.
49, rue de belleville, 19. arr, telefon: 01 40 40 09 68, geöffnet: täglich 12.00-15.00 & 19.00-23.30, preis: 20 €, metro: belleville / pyrénées

⑯ Wer Appetit auf chinesisches Essen hat, sich aber angesichts der vielen Asia-Restaurants in und unweit der Rue de Belleville nicht entscheiden kann, sollte **Le Pacifique** ausprobieren. Hier kann man sich erst das Aquarium genauer ansehen und anschließend ganz relaxt chinesische, vietnamesische und thailändische Spezialitäten genießen. Der große Vorteil dieses Restaurants: Es ist durchgehend bis in den späten Abend geöffnet.
35, rue de belleville, 20. arr, telefon: 01 42 49 66 80, geöffnet: täglich 11.00-2.00, preis: 15 €, metro: belleville

⑰ **Aux Folies** ist ein gemütliches Café mit einer schönen Terrasse und bunt gemischtem Publikum: Chinesen, Juden, Araber und Franzosen aus der Nachbarschaft - ein perfektes Abbild des multikulturellen Stadtteils Belleville. Die Einrichtung stammt aus den Dreißigern, was dem Café Charme verleiht.
8, rue de belleville, 20. arr, telefon: 01 46 36 65 98, geöffnet: mo-sa 6.00-2.00, so 7.00-1.00, metro: belleville

⑱ Der Favorit der jüngeren Bewohner des Viertels ist **La Cantine de Belleville**. Die große Terrasse bietet sich zum People-Spotting an. Auf der Karte stehen ziemlich einfache, aber gute Gerichte. Die musikalische Live-Untermalung variiert von Jazz über Pop bis Reggae.
108, boulevard de belleville, 20. arr, telefon: 01 43 15 99 29, geöffnet: täglich 11.30-2.00, preis: 10 €, metro: belleville / couronnes

⑳ Das Restaurant **Le Chateaubriand** ist zu Recht sehr beliebt. In seinem stilvollen, aber schlichten Restaurant kreiert der junge Küchenchef Inaki Azipatarte innovative und hochwertige Gerichte. Unbedingt einen Tisch im Voraus reservieren.
129, avenue parmentier, 11. arr, telefon: 01 43 57 45 95, geöffnet: di-fr 12.00-14.00 & 20.00-23.00, sa 20.00-23.00, preis: mittagessen 12-16 €, abendmenü 43 €, metro: goncourt

㉔ Lassen Sie sich in der algerischen Patisserie **La Bague de Kenza** von diversen süßen und herzhaften Leckereien verführen. Den exklusiven Delikatessen mit Honig und Mandeln können Naschkatzen kaum widerstehen. Neben der Patisserie liegt der hauseigene Teesalon.
106, rue saint-maur, 11. arr, www.labaguedekenza.com, telefon: 01 43 14 93 15, geöffnet: täglich 9.00-23.00, metro: rue saint-maur / parmentier

㉘ Das **Café Charbon** war ursprünglich ein Varietétheater, in dem der Chansonnier Maurice Chevalier einst sein Debüt gab. Das Lokal mit dem dunklen Holzinterieur und den Lampen, die – wie es scheint – bereits seit Jahrhunderten hier hängen, ist am Wochenende immer voll. Abends trinkt man hier erst etwas, dann geht's zum Konzert ins Nouveau Casino.
109, rue oberkampf, 11. arr, telefon: 01 43 57 55 13, geöffnet: so-mi 9.00-2.00, do-sa 9.00-4.00, preis: 15 €, metro: parmentier

⑳ **LE CHATEAUBRIAND**

(30) Le Soleil ist ein beliebtes, schlichtes Ménilmontant-Café mit einer großen Terrasse, die an warmen Sommerabenden bis spät in die Nacht voll besetzt ist. Ein guter Platz, um das abendliche Treiben auf den Pariser Straßen zu beobachten.
136, boulevard ménilmontant, 20. arr, telefon: 01 46 36 47 44, geöffnet: täglich 8.00-2.00, metro: ménilmontant

(31) Nur eine Ecke weiter, in der Rue des Panoyaux, befindet sich ein ebenso typisches Ménilmontant-Café: das **Lou Pascalou**. Hier können Sie der Hektik des Viertels entfliehen – wenn Sie es finden, denn das Lokal ist noch ein Geheimtipp.
14, rue des panoyaux, 20. arr, telefon: 01 46 36 78 10, geöffnet: täglich 9.00-2.00, metro: ménilmontant

(32) Gegenüber von Lou liegt das Restaurant **La Boulangerie**. Früher war in diesen Gemäuern eine Bäckerei untergebracht, was an der Einrichtung und dem Mosaikfußboden unschwer zu erkennen ist. Angeboten werden hervorragende französische Gerichte zu akzeptablen Preisen.
15, rue des panoyaux, 20. arr, telefon: 01 43 58 45 45, geöffnet: mo-fr 12.00-14.00 & 20.00-23.00, sa 20.00-24.00, preis: 10-20 €, menü 30 €, metro: ménilmontant

(35) Mama Shelter ist eine Kooperation der Gründer des Club Med, der Familie Trigano, und des Designers Philippe Starck. Es ist Hotel, Restaurant und Café in einem, ergänzt um Bar, Bibliothek, Loungeroom und Terrasse. Das Gebäude ist modern – eher eine Ausnahme in diesem Arbeiterviertel – und lockt nicht nur trendige Pariser an, sondern auch erfahrene Weltenbummler, die das außergewöhnliche Flair schätzen. Nach einer köstlichen Pizza in der Mama Pizzeria können Sie den Abend in der Bar ausklingen lassen. Wenn Sie Glück haben, sogar mit Livemusik.
109bis, rue de bagnolet, 20. arr, www.mamashelter.com, telefon: 01 43 48 45 45, geöffnet: mo-sa 12.00-1.30, preis: 12 €, metro: porte de bagnolet / alexandre dumas / gambetta

Shoppen

(3) Bei **La Petite Maison dans la Villette** kann man wunderbar in farbenfrohen, nostalgisch angehauchten Geschenkartikeln, Kleidung und allerlei schönen Dingen von dänischen Marken wie Rice, Noa Noa und Avoca sowie der französischen Marke Lalé und dem spanischen Label Nice Things stöbern. Der perfekte Laden für Frauen, ob jung oder alt.
33, rue de la villette, 19. arr, telefon: 06 31 68 89 80, geöffnet: di-sa 11.00-19.30, metro: jourdain

(4) **I Love My Shop** ist ein klitzekleiner Laden mit allerlei schönen Dingen wie Schmuck von Happy Onigiri, Memoblöcken von Kawai und einer großen Auswahl an japanischem Schnickschnack und Spielereien.
10, rue fessart, 19. arr, telefon: 09 81 04 83 46, geöffnet: di, do-fr 11.00-14.00 & 16.00-20.00, mi & sa 11.00-20.00, metro: jourdain

(5) Wer ungewöhnliches Design sucht, sollte unbedingt bei **L'Embellie** vorbeischauen: Keramik, Lampen, Büroutensilien sowie Taschen, um nur einige der vielen Beispiele aus dem Sortiment zu nennen. Eine Sache jedoch haben die schönen Dinge gemeinsam: Sie sind alle sehr originell.
14, rue de la villette, 19. arr, www.lembellie-design.fr, telefon: 01 42 01 42 89, geöffnet: di-sa 11.00-14.00 & 16.00-20.00, metro: jourdain

(21) Der Japaner Shimamurain produziert kleine Auflagen eigenwilliger Kleidungskreationen, die alle aus dem eigenen Pariser Atelier stammen. Im Concept Store **0044 Archives** taucht man in eine faszinierende, knallrote Welt ein, in der Auslaufmodelle zu stark reduzierten Preisen angeboten werden. Die neue Kollektion wird in der Rue du Bourg-Tibourg Nr. 16 (4. Arr.) präsentiert.
59, rue jean-pierre timbaud, 11. arr, www.0044paris.com, telefon: 01 56 98 18 44, geöffnet: mo 14.30-19.30, di-sa 11.30-19.30, metro: parmentier

㉑ ㉕

㉒ Im Weinladen **Au Nouveau Nez** sind die Regale mit erlesenen Qualitätsweinen und Champagner gefüllt. Das Angebot ist nicht gerade groß, aber überraschend gut und um einige Bioweine ergänzt. Wer den soeben erstandenen Wein gleich probieren möchte, kann die Flasche an Ort und Stelle öffnen und ein paar Tapas dazu bestellen.
112-114, rue saint-maur, 11. arr, telefon: 01 43 55 02 30, geöffnet: mo-sa 15.00-21.00, metro: rue saint-maur / parmentier

㉓ Kleider, Röcke, Schuhe, Schals, Hüte, Kinderkleidung und Bettwäsche aus traditionellen afrikanischen Materialien mit einer modernen westlichen Note – das ist **Africouleur**. Alle Artikel können auch über den Webshop des Ladens bestellt werden.

108, rue saint-maur, 11. arr, www.africouleur.com, telefon: 01 56 98 15 36, geöffnet: mo-sa 12.00-20.00, metro: rue saint-maur / parmentier

㉕ Auf der Suche nach einem witzigen Geschenk? **L'Auto école** verkauft ausgefallene Accessoires wie Pelz-Geldbeutel und eigenwillige Halsketten aus Draht sowie jede Menge ungewöhnlicher Kuriositäten.

101, rue oberkampf, 11. arr, telefon: 01 43 55 31 94, geöffnet: mo 16.00-20.30, di-fr 12.00-14.00 & 14.30-20.30, sa 12.00-20.30, metro: parmentier / rue saint-maur

㉖ Die Taschen, der Schmuck und die Accessoires von **Made by Moi** sind, wie der Name schon andeutet, handgefertigt. Einige Dinge sind Unikate, andere werden in kleinen Stückzahlen hergestellt. Es gibt auch eine kleine Kollektion schöner Kleidung.

86, rue oberkampf, 11. arr, www.madebymoi.fr, telefon: 01 58 30 95 78, geöffnet: di-sa 11.00-19.30, metro: parmentier

㉗ **L'Imagigraphe** ist ein innovativer Laden rund um Bild und Ton, der aufgrund des knallorangenen Schaufensters nicht zu übersehen ist. Der Shop ist voll mit Büchern, Briefpapier, CDs und DVDs. Fragen Sie an der Kasse nach dem Programm, wenn Sie hier einmal eine Lesung oder eine Kunstpräsentation miterleben wollen.

84, rue oberkampf, 11. arr, www.imagigraphe.fr, telefon: 01 48 07 54 20, geöffnet: mo-mi & fr-sa 10.00-20.00, do 10.00-21.00, metro: parmentier

㉞ **Le Merle Moqueur** ist ein wunderbarer Buchladen, der die ganze Woche geöffnet ist. Bücherfreunde finden hier ein fantastisches Büchersortiment, eine Kinderecke, eine große Auswahl an Comics sowie Mitarbeiter, die gerne weiterhelfen. Leider sind fast alle Bücher französischsprachig. Es werden auch Büroartikel und Spielsachen verkauft.

51, rue de bagnolet, 20. arr, www.lemerlemoqueur.fr, telefon: 01 40 09 08 80, geöffnet: mo-sa 10.00-20.00, so 10.00-19.30, metro: alexandre dumas

100% there

(1) Die Buttes Chaumont waren einst ein Sumpfgebiet. 1864 beauftragte Napoleon III. den Stadtarchitekten Haussmann, dieses Niemandsland trockenzulegen. Bereits 1867 wurde der **Parc des Buttes Chaumont** eröffnet: eine einzigartige Landschaft mit Bäumen, Büschen, Treppen, Höhlen und einem großen See mit einem Felsen darin, auf dem ein Nachbau des Tempels der Sybille steht. Wer zum Tempel emporsteigt, wird mit einem überraschend schönen Blick auf Sacré-Coeur belohnt.
rue botzaris, rue manin, avenue simon bolivar, 19. arr, buttes-chaumont.free.fr, telefon: 01 40 71 76 07, geöffnet: täglich mai-sept. 7.00-22.00, okt.-apr. 7.00-21.00, eintritt: frei, metro: buttes chaumont / botzaris

(9) Im **Maison de l'Air**, auf dem höchsten Punkt des Parc de Belleville, wird die Pariser Luftqualität gemessen. Außerdem können in einer Art Museum Windräder, Flugzeuge, Studien über die Erdatmosphäre, sprich alles, das irgendwie mit Luft zu tun hat, betrachtet werden. Besucher des "Lufthauses" verlassen es ganz sicher als Hobbymeteorologen.
parc de belleville, 27, rue piat, 20. arr, telefon: 01 43 49 28 02, geöffnet: apr.-sept. di-fr 13.30-17.30, sa-so 13.30-18.30, okt.-märz di-so 13.30-17.00, eintritt: frei, metro: pyrénées

(10) Der 1988 auf einem steilen Hügel angelegte **Parc de Belleville** ist der am höchsten gelegene Park der Stadt. Er ist zwar klein, aber empfehlenswert – allein schon wegen der fantastischen Aussicht über die Stadt. Außerdem gibt es hier wunderbare Spazierwege, Treppenanlagen, Brunnen, die einst die Stadt mit Wasser versorgten, und Wasserfälle, die sich in Teiche ergießen.
rue piat, rue des couronnes, rue julien lacroix, 20. arr, geöffnet: mo-fr ab 8.00, sa-so ab 9.00, schließung im winter 17.30-19.00, im sommer 19.00-21.30, eintritt: frei, metro: pyrénées / couronnes

(11) Die **Ateliers d'Artistes de Belleville** bilden eine Dachorganisation für Künstler des Viertels. Wer in der Nähe ist, sollte unbedingt eine der Ausstellungen besuchen.
1, rue francis picabia, 20. arr, www.ateliers-artistes-belleville.org, telefon: 01 77 12 63 13, geöffnet: unregelmäßig, siehe website, metro: couronnes

PARC DE BELLEVILLE ⑩

⑲ 1995 schloss das Kino **Le Zèbre de Belleville** trotz großen Widerstandes
seine Türen. Nachdem das Gebäude jahrelang leer stand, wurde es 2002 von
Francis Schoeller, einem ehemaligen Zirkusdirektor, übernommen, der das
frühere Kino in ein multikulturelles Theater mit buntem Programm
verwandelte.
*63, boulevard de belleville, 11. arr, siehe website für zeiten und preise,
telefon: 01 43 55 55 55 (für reservierungen), metro: couronnes*

Belleville & Ménilmontant

Gehen Sie in den Parc des Buttes Chaumont (1), steigen Sie auf den Hügel zum Tempel und bewundern Sie Sacré-Coeur. Dann laufen Sie weiter durch den Park und gehen bei Rosa Bonheur (2) ein Gläschen trinken. Nach Verlassen des Parks biegen Sie in die Rue de la Villette ein. Am Ende der Straße liegen ein paar nette Läden (3) (4) (5) und ein Restaurant (6). Die Straße überqueren und über die Rue Jean-Baptiste Dumay in die Rue de la Mare gehen. Hier in die erste Straße rechts, Rue des Envierges, um etwas zu trinken und die Aussicht zu genießen (7). Danach links, um sich die Villa Castel (8) anzusehen, oder rechts, um im Maison de l'Air (9) alles über das Wetter zu erfahren. Oder besuchen Sie den schönen Parc de Belleville (10). Verlassen Sie den Park über die Rue des Couronnes. Dann rechts in die Rue Francis Picabia biegen (11), um die Werke Pariser Künstler zu bewundern. Weiter bis zur Rue Ramponeau, dann rechts und anschließend links in die Rue Jouye-Rouve. Stoppen Sie hier für ein Mittagessen im Le Baratin (12). Danach weiter zur Rue de Belleville. Ein paar Schritte nach rechts und dann gegenüber in die Rue Rébeval einbiegen (13) (14). Oder gehen Sie gleich links, wenn Sie noch nichts gegessen (15) (16) oder getrunken (17) haben. Am Boulevard de Belleville links gehen (18) (19) und dann rechts in die Rue de la Fontaine au Roi einbiegen. Gehen Sie an der Avenue Parmentier rechts, um essen zu gehen (20), oder links, um den Spaziergang fortzusetzen. Biegen Sie in die Rue Jean-Pierre Timbaud ein und gehen Sie links Mode anschauen (21). In der Rue Saint-Maur rechts finden Sie noch mehr Läden (22) (23) (24). Vom Shoppen noch nicht genug? Dann rechts in die Rue Oberkampf (25) (26) (27). Gehen Sie zurück und gönnen Sie sich einen Drink oder einen Snack (28). Dann rechts in die Rue Crespin du Gast, um das Edith-Piaf-Museum zu besuchen (29). Oder gehen Sie weiter und biegen Sie rechts in den Boulevard Ménilmontant ein, um auf der großen Terrasse eine Pause einzulegen (30). Oder biegen Sie in die Rue des Panoyaux ein, wenn Sie hier etwas essen oder trinken möchten (31) (32). Danach geht's zurück zum Boulevard Ménilmontant und links Richtung Friedhof Père Lachaise (33). An den Gräbern entlang Richtung Rue de Bagnolet. Stöbern Sie hier in den Büchern bei Le Merle Moquer (34) und schließen Sie Ihren Tag im Mama Shelter (35) ab.

Île de la Cité, Île Saint-Louis & Quartier Latin

Startpunkt ist die Metrostation Cité auf der Île de la Cité (1). Von hier aus geht's zum Boulevard du Palais: erst links zur schönen Sainte-Chapelle (2), danach ein paar Schritte zurück Richtung Seine zur Conciergerie (3). Gehen Sie am Seineufer links über den Quai de l'Horloge zum Place Dauphine (4) und zur Pont Neuf (5). Biegen Sie nach der Brücke in die Rue Henri Robert, am Ende rechts und dann am Fluss entlang bis zur Notre-Dame (6). Gehen Sie hinter der Kirche über die Brücke Pont Saint Louis Richtung Île Saint-Louis, um einen Hut zu kaufen (7), etwas zu essen (8) (9) oder ein Eis zu schlecken (10). Dann zurück über die Pont Saint Louis und weiter links zur Brücke mit den Vorhängeschlössern (11). Überqueren Sie die Brücke und biegen Sie rechts in den Quai de la Tournelle, der in den Quai de Montebello mündet. Kurz vor der Brücke Petit Pont liegt links die Rue de la Bûcherie (12). Am Ende dieser Gasse links in die Rue Saint-Jacques einbiegen, weiter bis zum Boulevard Saint-Germain. Hier sofort rechts und dann gleich links in die Rue de Cluny, bis zum Place Paul Painlevé gehen, um das Mittelaltermuseum (13) zu besuchen. Dann weiter in die Rue de la Sorbonne, die von den Gebäuden der ältesten Universität Frankreichs gesäumt ist (14). Über die Rue Vicot Cousin erreichen Sie die Rue Soufflot, in die Sie links einbiegen (15). Hier hat man einen schönen Blick auf das Panthéon (16). Weiter an der Mairie vorbei, rechts in die Rue de Clotaire Richtung Rue des Fossés St.-Jacques. Hier links abbiegen und Mittagspause (17) einlegen oder über die Rue l'Estrapade zum schönen Place de la Contrescarpe (18) weitergehen. Lust auf Kuchen? Dann links abbiegen (19). Bis zur Rue Lacépède gehen (rechts bei (20) kurz anhalten) und danach in die Rue Monge abbiegen. Links gehen, um die Arènes (21) zu besuchen, ansonsten rechts abbiegen und bis zur vierten Straße rechts, Rue de l'Épée de Bois (22), laufen. Am Straßenende links in die lebhafte Rue Mouffetard einbiegen (23) (24) (25) (26). Ein paar Schritte zurückgehen und rechts in die Rue Daubenton (27). Dort in der Moschee (28) einen Minztee trinken. Rechts das Muséum national d'histoire naturelle (29) und links den wunderschönen Jardin des Plantes (30) besuchen. Über die Rue Cuvier gelangen Sie zurück zum Seineufer, wo Sie links abbiegen, um am Wasser entlang bis zum Institut du Monde Arabe (31) zu spazieren. Dann links in den Boulevard Saint-Germain einbiegen, um zu shoppen (32) (33) oder im Quai de la Tournelle stilvoll zu Abend zu essen (34).

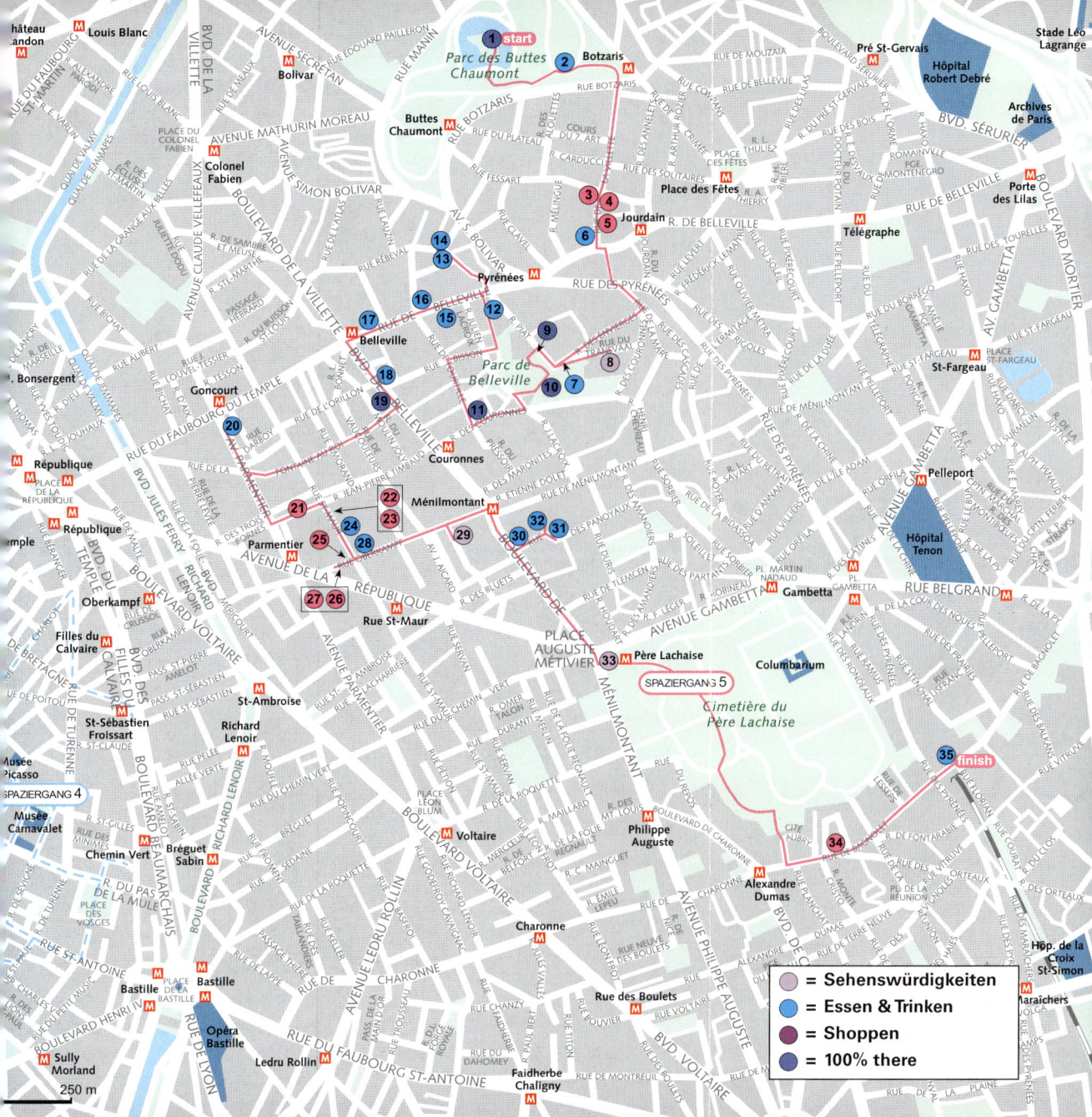

= Sehenswürdigkeiten
= Essen & Trinken
= Shoppen
= 100% there

250 m

Nouvelle Athènes & Montmartre

Nostalgie & Nachtleben

Der Stadtteil La Nouvelle Athènes, "das goldene Künstlerdreieck", liegt zwischen Notre-Dame-de-Lorette, Trinité und Place Pigalle. In der zweiten Hälfte des 19. Jahrhunderts war dieses Viertel bei Künstlern und Intellektuellen wie Sand, Delacroix und Chopin - allesamt Anhänger der Romantik - sehr beliebt. Der Stadtteil ist geprägt von klassischen Bauten wie den *hôtels particuliers* (Stadthäusern), charmanten Plätzen, stillen Innenhöfen und kleinen Museen.

Der Place Pigalle im Norden wurde nach Jean-Baptiste Pigalle benannt, einem frommen Künstler aus dem 18. Jahrhundert. Ironischerweise liegen hier heute vor allem Nachtclubs und Erotikshops. Im Süden von La Nouvelle Athènes beginnt die Rue des Martyrs, die sich bis zum Place des Abbesses in Montmartre zieht. Hier gibt es ein sehr abwechslungsreiches Angebot an Geschäften, von denen die meisten auch sonntags geöffnet haben.

6

Der *butte* (Hügel) von Montmartre im 18. Arrondissement überragt das ganze Viertel, das vor 100 Jahren noch ein eigenständiges Dorf war. Ende des 19. Jahrhunderts ließen sich hier Künstler wie Cézanne, Van Gogh, Renoir und - nicht zu vergessen - Toulouse-Lautrec nieder. Letzterer hielt das Theaterleben der Belle Époque in seinen Zeichnungen fest. Wer diesen Hügel für sich entdecken möchte, der muss Treppen steigen und durch schmale Gassen laufen. Aber es lohnt sich, denn vom höchsten Punkt der Stadt aus, bei Sacré-Coeur, ist der Blick auf Paris einfach umwerfend.

Die vielen Geschäfte und Cafés haben Montmartre in ein gemütliches Viertel verwandelt, und auch die schöne Architektur in der Avenue Junot trägt zum besonderen Flair bei. Am Rand des Stadtteils liegt der Friedhof Cimetière de Montmartre. Wie der Osten von Paris mit dem Cimetière du Père Lachaise und der Süden mit dem Cimetière Montparnasse, so hat auch der Norden einen eigenen Friedhof: weniger bekannt als die anderen beiden, aber auf jeden Fall einen Besuch wert, schon alleine wegen der schönen, hügeligen Umgebung.

6 Insider-Tipps

Musée national Gustave Moreau

Das ehemalige Wohnhaus und Atelier besuchen.

Musée de la Vie Romantique

In einem idyllischen Garten Tee trinken.

Sacré-Coeur

Von den Treppen aus über die Dächer von Paris blicken.

Château des Brouillards

Am Schloss vorbei zur Avenue Junot schlendern.

Café des Deux Moulins

Wie Amélie eine Crème brûlée genießen.

Tombées du Camion

In den merkwürdigsten Dingen stöbern.

 Sehenswürdigkeiten

 Shoppen

 Essen & Trinken

 100% there

Sehenswürdigkeiten

(1) Gustave Moreau (1826–1898) war Anhänger des Symbolismus. Sein Wohnhaus und Atelier beherbergen heute das **Musée national Gustave Moreau**. Die hohen Wände hängen voll mit eigenwilligen Gemälden, und in den Vitrinen liegen zahlreiche fantasievolle Zeichnungen und Aquarelle aus. *14, rue de la rochefoucauld, 9. arr, www.musee-moreau.fr, telefon: 01 48 74 38 50, geöffnet: mo & mi-do 10.00-12.45 & 14.00-17.15, fr-so 10.00-17.15, eintritt: 5 €, metro: trinité / saint-georges*

(2) Im 19. Jahrhundert war das **Musée de la Vie Romantique** Künstlertreff der Pariser Romantik. In dem *hôtel particulier* wohnte und arbeitete der Maler Ary Scheffer. Seine Werke sowie Erinnerungsstücke der Schriftstellerin George Sand beleuchten diese Zeit. Im idyllischen Garten steht ein Teesalon. *hôtel scheffer-renan, 16, rue chaptal, 9. arr, telefon: 01 55 31 95 67, geöffnet: di-so 10.00-18.00, eintritt: sammlung gratis, ausstellungen ab 3 €, metro: blanche*

(8) Die **Halle Saint-Pierre** war im 19. Jahrhundert Handelszentrum für Stoffe. Heute beherbergt diese wunderbare Glas- und Metallkonstruktion das Musée d'Art brut et d'Art singulier. Hier können Sie Ausstellungen besuchen, an einem Workshop teilnehmen oder einfach im Café sitzen und Zeitung lesen. *halle saint-pierre, 2, rue ronsard, 18. arr, www.hallesaintpierre.org, telefon: 01 42 58 72 89, geöffnet: mo 13.00-18.00, di-so 10.00-18.00, eintritt: ausstellung 7,50 €, galerie gratis, metro: anvers*

(9) Die romanisch-byzantinische Basilika **Sacré-Coeur** wurde zu Ehren des Heiligen Herzens errichtet, um Vergebung für das Blutvergießen während des Deutsch-Französischen Krieges und der anschließenden Commune (der revolutionären Regierung der Stadt) zu erbitten. Dank einer landesweiten Sammelaktion konnte 1876 mit dem Bau begonnen werden. Die Kirche beherbergt kostbare Schätze und bietet einen wunderbaren Blick auf Paris. *place du parvis du sacré-coeur, 18. arr, www.sacre-coeur-montmartre.com, telefon: 01 53 41 89 00, geöffnet: basilika täglich 6.00-22.30, kuppel täglich sommer 9.00-19.00, winter 9.00-18.00, eintritt: basilika gratis, kuppel 5 €, metro: abbesses*

(10) Die romanische Kirche **Saint-Pierre de Montmartre** ist wohl die älteste Kirche auf diesem Hügel und das Einzige, was von der Abtei von Montmartre übrig blieb. Die moderne Glasmalerei von Max Ingrand ist von 1954.

2, rue du mont cenis, 18. arr, telefon: 01 46 06 57 63, geöffnet: täglich 8.30-19.00, eintritt: frei, metro: abbesses

(12) Im **Espace Dalí** werden 330 Werke des surrealistischen Künstlers Salvador Dalí gezeigt, begleitet von Lichteffekten und Aufnahmen.

11, rue poulbot, 18. arr, www.daliparis.com, telefon: 01 42 64 40 10, geöffnet: täglich sept.-juni 10.00-18.00, juli-aug. 10.00-20.00, eintritt: 10 €, metro: abbesses

(14) Das **Musée de Montmartre** gibt einen guten Einblick in die künstlerische, politische und religiöse Geschichte des Stadtteils. Außerdem gibt es hier den Nachbau eines alten Dorfes zu sehen, eine Sammlung von Clignancourt-Porzellan und wunderschöne alte Plakate.

12-14, rue cortot, 18. arr, www.museedemontmartre.fr, telefon: 01 49 25 89 37, geöffnet: täglich 10.00-18.00, eintritt: 8 €, metro: lamarck - caulaincourt

(15) Vor 2000 Jahren pflanzten die Römer die ersten Rebstöcke in Paris. Damals war die **Weinproduktion** noch ein lukratives Geschäft. Im 18. Jahrhundert wurde die Qualität zugunsten der Quantität immer mehr vernachlässigt. Heute gibt es in Montmartre nur noch 2000 Rebstöcke.

les vignes de montmartre: ecke rue des saules / rue saint-vincent, 18. arr, metro: lamarck - caulaincourt

(16) Das **Château des Brouillards**, erbaut 1772, hatte viele berühmte Bewohner wie den Romantiker Gérard de Nerval, Renoir und Sängerin Dalida.

8, allée des brouillards, 18. arr, geöffnet: nicht öffentlich zugänglich, metro: lamarck - caulaincourt / abbesses

(17) Der Roman *Le Passe-Muraille* von Marcel Aymé handelt von einem Mann, der durch eine Wand gehen kann. Für seine Skulptur **Passe-Muraille** ließ sich der Künstler Jean Marais von diesem Buch inspirieren.

place marcel aymé, 18. arr, metro: abbesses / lamarck - caulaincourt

⑱ Im 16. Jahrhundert war das Bild Montmartres noch von Windmühlen geprägt, mit denen Getreide gemahlen und Trauben gepresst wurden. Nur wenige dieser Mühlen - wie die **Moulin de la Galette** - existieren noch. Im Restaurant, das die Mühle heute beherbergt, kann man gut essen.
kreuzung rue tholozé / rue lepic, 18. arr, metro: abbesses / blanche

㊱ Der **Cimetière de Montmartre** wurde 1825 eröffnet. Auf diesem schönen Friedhof liegen viele bekannte Persönlichkeiten wie Emile Zola, Heinrich Heine, Edgar Degas und Dalida. Ein faszinierender und ruhiger Ort.
20, avenue rachel, 18. arr, telefon: 01 53 42 36 30, geöffnet: 6. nov.-15. märz mo-fr 8.00-17.30, so 9.00-17.30, 16. märz-5. nov. mo-fr 8.00-18.00, sa 8.30-17.30, so 9.00-18.00, eintritt: frei, metro: place de clichy

② MUSÉE DE LA VIE ROMANTIQUE

Essen & Trinken

(3) Die Britin Rose Carrarine wurde für verrückt erklärt, als sie 2002 zusammen mit ihrem französischen Mann ihre erste **Rose Bakery** eröffnete. Briten können ja gar nicht kochen, so meinten die Franzosen. Doch bald schon wussten die Pariser ihren Bio-Karottenkuchen, die gesunden Salate und Scones mit Lemon Curd zu schätzen. Heute stehen die Leute tagtäglich bis hinaus auf die Straße Schlange.
46, rue des martyrs, 9. arr, telefon: 01 42 82 12 80, geöffnet: di-so 10.00-16.00, preis: 6-35 €, metro: pigalle / saint-georges

(4) Das kleine, schicke **Hôtel-Restaurant Amour** lädt zu einem Drink an der Bar und zu einem romantischen Mittag- oder Abendessen im idyllischen Hofgarten ein. Man kann auch ein Zimmer reservieren, das von Künstlern wie Sophie Calle und Pierre Le-Tan eingerichtet wurde. Am Wochenende gibt es den ganzen Tag über einen ausgezeichneten Brunch.
8, rue navarin, 9. arr, www.hotelamourparis.fr, telefon: 01 48 78 31 80, geöffnet: mo-sa 12.00-24.00, so 12.00-17.00, preis: 30 €, sa & so brunch 22 €, metro: pigalle / saint-georges

(5) **Le Pantruche** ist noch relativ neu, jedoch von Anfang an sehr beliebt. Zu Recht, denn in einem eher schlichten Interieur werden klassische, aber raffinierte französische Gerichte mit viel Flair und Sachverstand serviert - und das bei einem erfreulich fairen Preis-Leistungs-Verhältnis. Hat leider nur während der Woche geöffnet.
3, rue victor massé, 9. arr, www.lepantruche.com, telefon: 01 48 78 55 60, geöffnet: mo-fr 12.00-14.30 & 19.15-22.30, preis: mittagsmenü 17 €, abendmenü 32 €, metro: pigalle / saint-georges

(13) Auch dank der Bar **Chez Francis la Butte**, am Fuße des Hügels, wird dieses Viertel immer beliebter. Die schöne Terrasse ist an kalten Tagen beheizt und an warmen Sommertagen der ideale Ort, um einen Pastis (Anisschnaps mit Wasser) zu genießen.
122, rue caulaincourt, 18. arr, telefon: 01 42 23 58 26, geöffnet: mo-sa 8.30-2.00, so 9.30-2.00, metro: lamarck - caulaincourt

㉒ Bei **Guilo Guilo** werden japanische Gerichte mit viel Tamtam direkt vor den Gästen zubereitet. Da es nur ein Menü gibt, müssen Sie sich nicht durch eine unverständliche japanische Speisekarte kämpfen. Die vielen kleinen Gerichte, zu denen grüner Tee oder Sake (Reiswein) getrunken wird, beweisen, dass die japanische Küche mehr zu bieten hat als nur Sushi.
8, rue garreau, 18. arr, www.guiloguilo.com, telefon: 01 42 54 23 92, geöffnet: di-sa 19.00-23.00, preis: menü 50 €, metro: abbesses

㉓ **Mon Oncle** ist ein modernes Bistro mit einer ausgezeichneten Weinkarte. Hierher kommt man gerne, um typisch französische Speisen wie Côtes de Boeuf, Le-Puy-Linsen und Saint-Nectaire-Käse zu essen. Im Winter wird der köstliche Käse Mont d'Or warm aus dem Ofen serviert.
3, rue durantin, 18. arr, www.mon-oncle.fr, telefon: 01 42 51 21 48, geöffnet: mo-sa ab 20.00, so brunch ab 13.00, preis: brunch 21 €, menü 23-27 €, metro: abbesses / pigalle

㉔ **Le Sancerre** ist das meistbesuchte Café des Viertels. Die Karte bietet neben Steak vor allem Salate, und manchmal ist draußen eine Austernbar aufgebaut. Nach 22 Uhr füllt sich das Lokal sehr schnell, sichern Sie sich also frühzeitig einen Platz auf der Terrasse.
35, rue des abbesses, 18. arr, telefon: 01 42 58 08 20, geöffnet: täglich 7.00-2.00, metro: abbesses

㉕ Boulangerie, Patisserie und Restaurant zugleich: Das **Coquelicot** hat zu jeder Tageszeit etwas zu bieten. Ideal für einen Brunch, ein Mittagessen, einen Snack oder um Zutaten für ein köstliches Picknick einzukaufen.
24, rue des abbesses, 18. arr, www.coquelicot-montmartre.com, telefon: 01 45 06 18 77, geöffnet: di-so 7.30-20.00, preis: brunch 16,50 €, metro: abbesses / pigalle

㉛ Die retro-industrielle Rock-'n'-Roll-Bar **La Fourmi** ist bekannt dafür, dass sich hier Bands vor ihrem Auftritt warmspielen. Auch nach den Konzerten ist es oft ziemlich voll. Die Flyer, die an der Bar ausliegen, informieren darüber, was im Viertel alles ansteht.
74, rue des martyrs, 18. arr, telefon: 01 42 64 70 35, geöffnet: mo-fr 12.00-14.00 & 19.30-23.00, sa-so 12.00-23.00, metro: pigalle

(31) LA FOURMI

(33) Das **Café des Deux Moulins** ist seit dem erfolgreichen Kinofilm "Die fabelhafte Welt der Amélie" noch beliebter geworden. Gönnen Sie sich auf der Terrasse eine Crème brûlée d'Amélie und eine Tasse Kaffee, während Sie wie Amélie lauter Tierformen in den Wolken entdecken.
15, rue lepic, 18. arr, telefon: 01 42 54 90 50, geöffnet: täglich 7.30-2.00, preis: mittagsmenü 15 €, metro: blanche

(35) Das Restaurant des Terrass Hotels, **Le Diapason**, lädt von April bis September auf der Dachterrasse zu einem romantischen Essen ein. Hier ist die Aussicht einfach spektakulär. Abends krönen die Lichter des Eiffelturms das wunderbare Ambiente. Ob Frühstück, Mittagessen, Wochenendbrunch, Abendessen oder Drink - hier bekommen Sie alles. Reservieren ist notwendig, auf jeden Fall fürs Abendessen.
12-14, rue joseph-de-maistre, 18. arr, www.restaurantlediapason.com, telefon: 01 44 92 34 00, geöffnet: di-fr 12.00-14.30 & 19.30-22.30, sa 11.30-16.30 & 19.30-22.30, so 11.30-16.30, preis: 15-25 €, metro: blanche / abbesses

Shoppen

⑦ Der **Marché Saint-Pierre** ist der bekannteste Markt für Stoffe. Schauen Sie mal bei Dreyfus Déballage vorbei und staunen Sie über die enorme Auswahl. Oder gegenüber bei Tissus Reine am Place Saint-Pierre. Die "Models", die hier übrigens auch wohnen, zeigen die neuesten Trends.
2, rue charles nodier, 18. arr, telefon: 01 46 06 92 25, geöffnet: mo-sa 10.00-18.30, im aug. mo geschlossen, metro: anvers

⑲ Wenn Sie den Hügel von Montmartre über die Rue Lepic hinabsteigen, sehen Sie in der Ferne die auffällige lilafarbene Fassade des Kinderladens **Home Sweet Môme**. Im Schaufenster liegen allerlei schöne Dinge, Spielzeug und Kleidung. Unbedingt mal reinschauen.
61, rue lepic, 18. arr, telefon: 01 42 23 40 11, geöffnet: täglich 11.00-19.00, metro: blanche / abbesses

⑳ **1962** ist eine Boutique mit interessanter Retro-Einrichtung und einer passenden Modekollektion. Hier fühlt man sich sofort in die Fünfziger zurückversetzt. Zwischen den alten Möbeln und Lampen kommen die Kleidungsstücke, Accessoires und Taschen von der in London angesagten Marke Orla Kiely gut zur Geltung. Außerdem finden Sie hier eine kleine Kollektion bekannter Modemarken wie Avoca, Olive & Orange und Marimekko.
4, rue tholozé, 18. arr, generation1962.blogspot.com, telefon: 01 42 54 28 08, geöffnet: mo 11.30-19.30, di-sa 10.30-19.30, metro: abbesses / blanche

㉖ Die **Librairie des Abbesses** von Marie Rose Guarnieri ist der beliebteste Buchladen von Montmartre und eine der letzten Kulturstätten des Viertels, in dem Modegeschäfte das Bild prägen. Hier finden regelmäßig Lesungen und Buchpräsentationen statt.
30, rue yvonne le tac, 18. arr, librairiedesabbesses.blogspot.com, telefon: 01 46 06 84 30, geöffnet: mo 11.00-20.00, di-fr 9.30-20.00, sa 10.00-20.00, so 12.00-20.00, metro: abbesses

(27) In der kleinen Rue la Vieuville gibt es einige nette Geschäfte wie zum Beispiel das **Spree**. Neben schönen Retromöbeln werden die neuesten Kollektionen von Modedesignern wie Vanessa Bruno, Isabel Marant und Tsumori Chisato angeboten.

16, rue la vieuville, 18. arr, www.spree.fr, telefon: 01 42 23 41 40, geöffnet: so-mo 15.00-19.00, di-do 11.00-19.30, fr-sa 10.30-19.30, metro: abbesses

(28) **Antoine & Lili** ist ein farbenfrohes Multikulti-Paradies für Kleidung und Kitsch diverser Stilrichtungen - von indisch bis mexikanisch. Die Marke wurde 1994 hier gegründet, und inzwischen gibt es schon mehr als zehn Niederlassungen in ganz Frankreich. Neben der eigenen Kleiderkollektion werden die Lieblingssachen von Antoine und Lili präsentiert. Tauchen Sie in eine andere Welt ein!

90, rue des martyrs, 18. arr, www.antoineetlili.com, telefon: 01 42 58 10 22, geöffnet: mo-fr 11.00-20.00, sa 10.30-20.00, so 12.00-20.00, metro: abbesses

(29) Wer originellen Schmuck sucht, ist bei **Emmanuelle Zysman** an der richtigen Adresse. Traumhafte Ohrringe, Armbänder und Halsketten warten unter Glasglocken auf spendierfreudige Käufer.

81, rue des martyrs, 18. arr, www.emmanuellezysman.fr, telefon: 01 42 52 01 00, geöffnet: di-fr 11.00-19.00, sa 12.00-20.00, so 15.30-19.00, metro: abbesses / pigalle

(34) **Tombées du Camion** – "vom Laster gefallen" – ist ein Kuriositätenkabinett, in dem es teils unbenutzte, alte und nostalgische Sachen gibt: Billardkugeln, Puppenaugen, Anstecker, Schmuck, Blechdosen, Kräutersäckchen und vieles mehr – alles aus den Dreißigern und Vierzigern. Kisten voll mit fein säuberlich sortierten Raritäten machen diesen kleinen Laden zu einer Fundgrube für Entdecker.

17, rue joseph-de-maistre, 18. arr, www.tombeesducamion.com, telefon: 09 81 21 62 80, geöffnet: mo-fr 13.00-20.00, sa-so 11.00-20.00, metro: abbesses / blanche

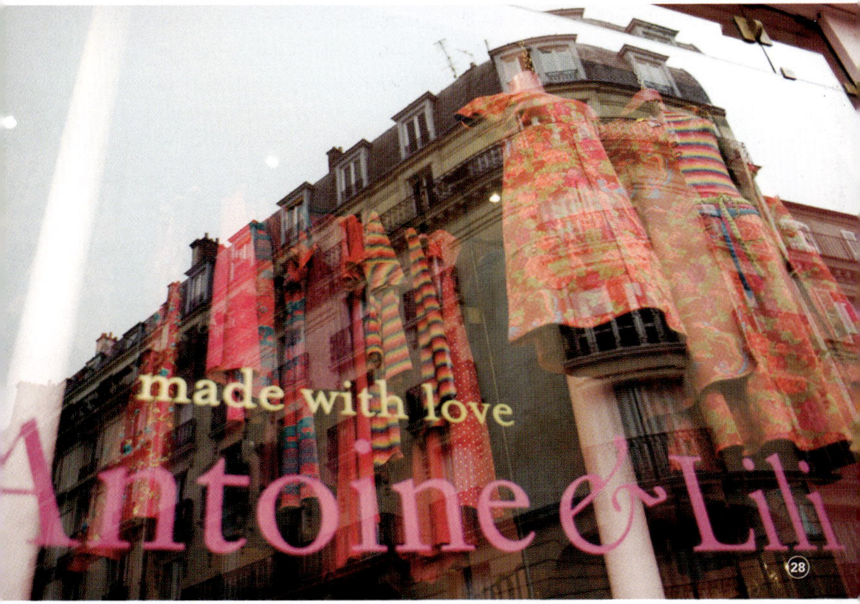
made with love
Antoine & Lili
28

Arthur Schopenhauer
L'art d'avoir toujours raison
Arthur Schopenhauer
L'art de se faire respecter
Cicéron
26

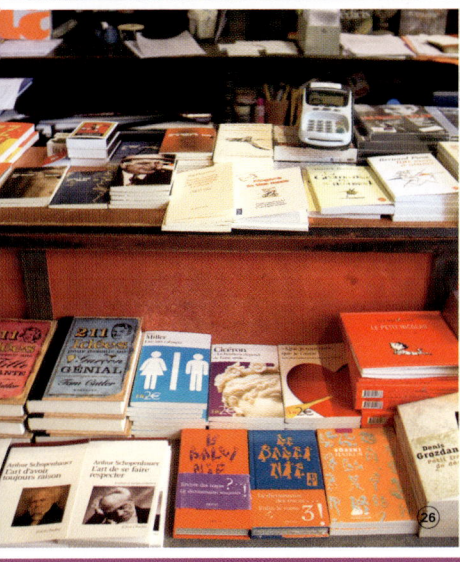

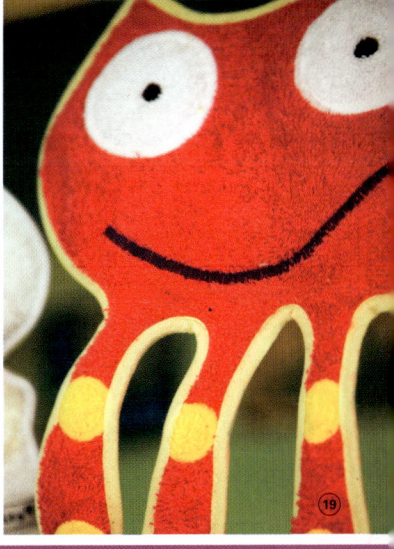

19

100% there

(6) Das **Élysée-Montmartre** war Montmartres erstes großes Cancan-Tanzlokal. Heute haben die Damen mit den Federkostümen allerdings Platz gemacht für Rock- und Popstars.

72, boulevard de rochechouart, 18. arr, www.elyseemontmartre.com, zeiten und preise siehe website, telefon: 01 44 92 45 36, metro: anvers

(11) Der **Place du Tertre** ist immer voll, sehr touristisch und von "Künstlern" belagert, die Sie porträtieren möchten. Montmartre war schon immer beliebt, die Souvenirläden und Cafés nutzen das heute aus.

place du tertre, 18. arr, metro: abbesses

(21) Schauen Sie doch mal im **Cinéma Studio 28** vorbei: Dieses Kino wurde Ende des 19. Jahrhunderts gegründet, und der Kinosaal sieht heute noch so aus wie damals. Künstler wie Jean Cocteau und André Breton gaben hier Vorstellungen. Bei gutem Wetter ist der Innenhof ein echter Geheimtipp.

10, rue tholozé, 18. arr, www.cinemastudio28.com, zeiten und preise siehe website, telefon: 01 46 06 36 07, metro: abbesses / blanche

(30) Werfen Sie einmal einen Blick in das Programm des **Divan du Monde**. Diese Bar mit Konzertsaal organisiert Soireen mit kosmopolitischer Rockmusik, Zigeunerklängen, Bollywood oder Musik von Patrick Vidal.

75, rue des martyrs, 18. arr, www.divandumonde.com, telefon: 01 40 05 06 99, geöffnet: do 19.00-2.00, fr-sa 19.00-6.00, clubbing fr-sa 23.00-6.00, eintritt: ab 23.00 8-12 €, metro: pigalle

(32) Die bekannteste Tanzbühne von Paris, Diner-Spektakel inklusive, ist das **Moulin Rouge**. Schon seit 1900 wird hier zu den bekannten Musikstücken von Offenbach der französische Cancan aufgeführt. Toulouse-Lautrec ging hier ein und aus. Die Zeichnungen, die er hier anfertigte, machten ihn weltberühmt.

82, boulevard de clichy, 18. arr, www.moulinrouge.fr, telefon: 01 53 09 82 82, geöffnet: täglich shows um 21.00 & 23.00, preis: show & 1/2 flasche champagner 102 € (21.00) / 92 € (23.00), abendessen & show ab 150 €, metro: blanche

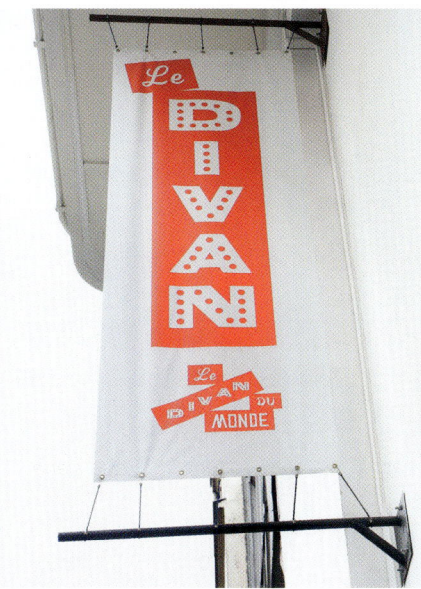

LE DIVAN DU MONDE ㉚

Nouvelle Athènes & Montmartre

SPAZIERGANG 6

Startpunkt ist das ehemalige Atelier und Wohnhaus von Gustave Moreau in der Rue de La Rochefoucauld (1). Von hier geht's in Richtung Rue la Bruyère. Für romantische Kunst (2) müssen Sie links bis zum Ende der Rue Henner laufen. Oder gehen Sie rechts bis zur Rue Pierre Fontaine. Straße überqueren, in die Rue Henry Monnier und dann in die zweite Straße rechts, Rue Clauzel, einbiegen. Am Ende links in die Rue des Martyrs. Gönnen Sie sich bei Rose Bakery einen Karottenkuchen (3) oder gehen Sie auf einen Drink (4) gegenüber in die Rue Navarin. In der nächsten Seitenstraße, Rue Victor Massé, können Sie zu Mittag essen (5). Danach geht's rechts weiter Richtung Avenue Trudaine und am Place d'Anvers links. Um zum Herzen von Montmartre zu gelangen, den Boulevard de Rochechouart überqueren (6) und über die Rue de Steinkerque zum Place Saint-Pierre gehen. Hier dann nach rechts (7) (8) und die Treppen hinauf zu Sacré-Coeur (9). Danach links (10) (11) (12) und dann in die Rue du Mont Cenis einbiegen. Wollen Sie etwas trinken? Gehen Sie bis zum Ende der Straße und der Treppen (13). Nicht vergessen, der Rückweg hat es in sich! Gehen Sie zurück zur Rue Cortot, dann rechts und tauchen Sie in die Geschichte des Viertels ein (14). An der Rue des Caules nach rechts Richtung Weinberg gehen (15). Dann zurück und rechts in die Rue l'Abreuvoir einbiegen. Am Ende (16) links, über die Rue Girardon (17) (18) zur Rue Lepic (19). Gehen Sie rechts bis zur Rue des Abbesses. Hier nehmen Sie die erste Straße links, die Rue Tholozé (20) (21). In der ersten Straße rechts, der Rue Garreau, ist ein japanisches Restaurant (22). Biegen Sie für einen Drink, ein Mittag- oder Abendessen (23) (24) (25) in die Rue Durantin ein. In der Rue des Abbesses geht's links und an der Kirche vorbei. Straße überqueren und in die erste Straße rechts (26) einbiegen. An der Rue des Martyrs ein paar Schritte nach links und dann nach rechts, dort ist das Spree (27), oder gleich nach rechts, um zu shoppen (28) (29), einen Konzertsaal (30) oder eine Bar (31) zu besuchen. Am Boulevard de Clichy geht's rechts zum Moulin Rouge (32). Wieder rechts in die Rue Lepic einbiegen, am Café von Amélie (Hausnummer 15) (33) vorbei. An der Rue Constance links und in die erste Straße rechts bis zur Rue Joseph-de-Maistre. Danach links, um einen schönen Laden (34) zu entdecken und einen Drink oder ein Essen mit toller Aussicht zu genießen (35). Um zum Friedhof von Montmartre (36) zu gelangen, biegen Sie links in die Rue Caulaincourt ein.

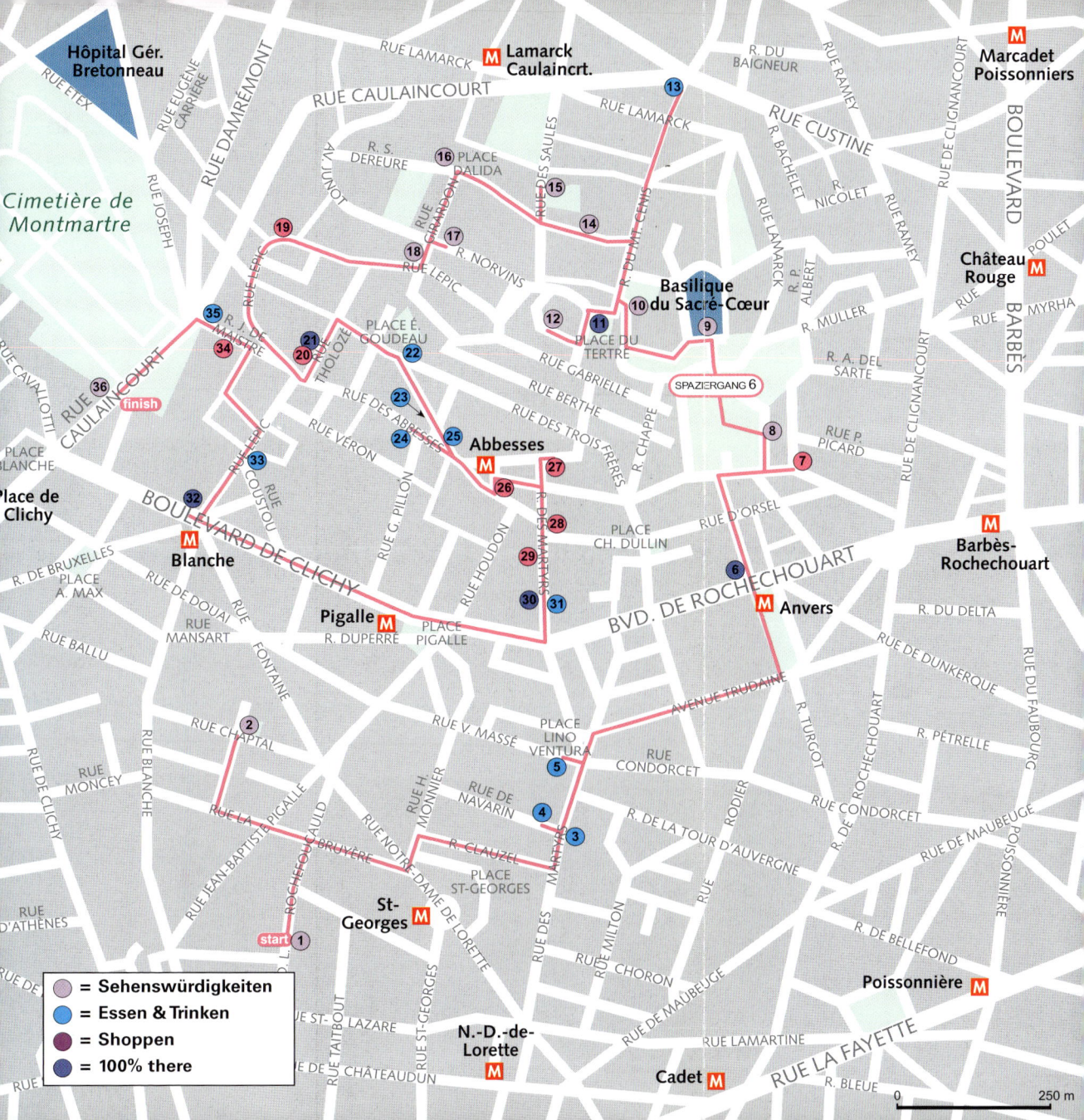

1. Musée national Gustave Moreau
2. Musée de la Vie Romantique
3. Rose Bakery
4. Hotel-Restaurant Amour
5. Le Pantruche
6. Élysée-Montmartre
7. Marché Saint-Pierre
8. Halle Saint-Pierre
9. Sacré-Coeur
10. Saint-Pierre de Montmartre
11. Place du Tertre
12. Espace Dalí
13. Chez Francis la Butte
14. Musée de Montmartre
15. Weinberge
16. Château des Brouillards
17. Passe-Muraille
18. Le Moulin de la Galette
19. Home Sweet Môme
20. 1962
21. Cinéma Studio 28
22. Guilo Guilo
23. Mon Oncle
24. Le Sancerre
25. Coquelicot
26. Librairie des Abbesses
27. Spree
28. Antoine & Lili
29. Emmanuelle Zysman
30. Le Divan du Monde
31. La Fourmi
32. Moulin Rouge
33. Café des Deux Moulins
34. Tombées du Camion
35. Diapason
36. Cimetière de Montmartre

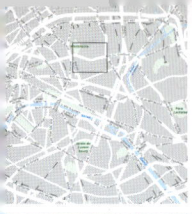

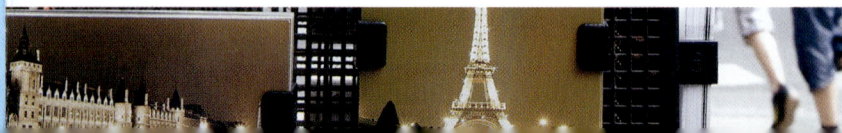

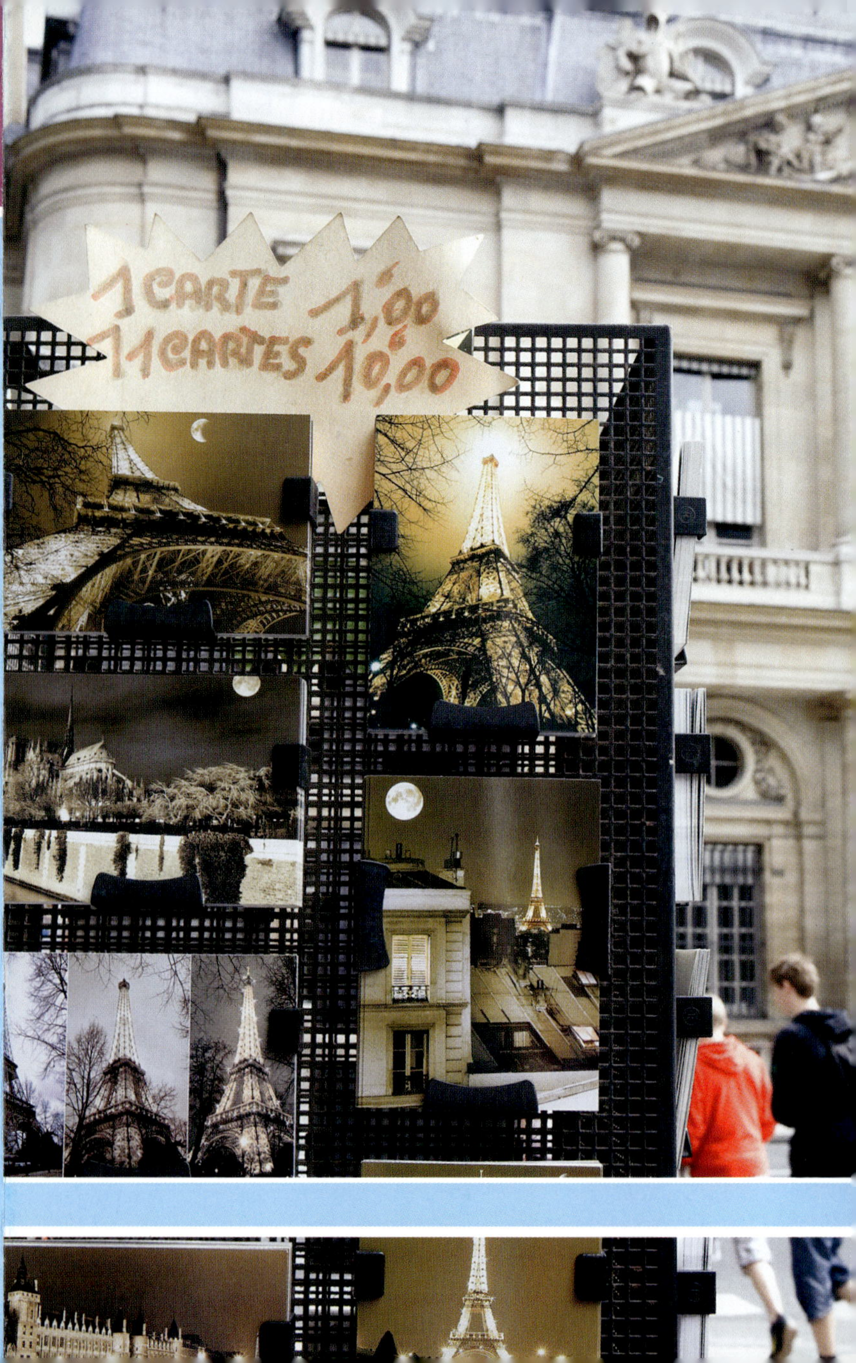

Weitere Sehenswürdigkeiten

Wer den Spaziergängen des 100% Guides folgt, wird die schönsten Sehenswürdigkeiten automatisch entdecken. Aber Paris hat natürlich noch mehr zu bieten. Hier folgen ein paar weitere 100% Tipps:

Ⓛ Die **Grande Arche** im Geschäftszentrum La Défense geht auf eine Initiative von Präsident Mitterrand zurück, dem ein moderner Arc de Triomphe vorschwebte. Der 106 Meter hohe, weiße Bau des dänischen Architekten Otto von Spreckelsen wurde 1989 fertiggestellt. Der Aufzug bringt Besucher nach oben, von wo man eine wunderbare Aussicht über Paris hat.
1, parvis de la défense, 92. dép, www.grandearche.com, telefon: 01 49 07 27 27, geöffnet: täglich, sommer 10.00-20.00, winter 10.00-19.00, eintritt: 10 €, metro / rer: la défense-grande arche

Ⓜ Die **Cinémathèque Française** ist im ehemaligen Centre Culturel Américain untergebracht, das vom Stararchitekten Frank Gehry entworfen wurde. Das Archiv umfasst mehr als 40.000 Filme und eine Vielzahl von Dokumenten, Manuskripten und Plakaten. Neben der Dauerausstellung über die Geschichte des Films finden hier auch Sonderausstellungen mit Filmvorführungen und Lesungen statt.
51, rue de bercy, 12. arr, www.cinematheque.fr, telefon: 01 71 19 33 33, geöffnet: mo & mi-sa 12.00-19.00, so 10.00-20.00, eintritt: museum 5 €, ausstellung 10 €, film 6,50 €, metro: bercy

Ⓝ Die **Bibliothèque François Mitterrand** ist eine sehr ungewöhnliche Bibliothek. Zwischen vier hohen Türmen, in denen das Archiv und die Verwaltung untergebracht sind, liegt ein Garten voller Nadelbäume. Die ihn umrahmenden Lesesäle laden zum Schmökern in einer ruhigen und beschaulichen Atmosphäre ein.
11, quai françois mauriac, 13. arr, www.bnf.fr, telefon: 01 53 79 59 59, geöffnet: bibliothek mo 14.00-19.00, di-sa 9.00-19.00, so 13.00-19.00, ausstellungen di-sa 10.00-19.00, so 13.00-19.00, eintritt: ausstellung 7 €, metro: bibliothèque françois mitterrand

(O) Das Kino im modernen Komplex **MK2 Bibliothèque** bietet nicht nur die bequemsten Kinosessel der ganzen Stadt, sondern auch ein sehenswertes Filmangebot. Die Filme werden immer in Originalfassung (VO) gezeigt. Außerdem gibt es einen Buch- und DVD-Laden mit einer großen Auswahl an Kinofilmen, ein Café und ein gutes Restaurant (Le Café Bibliothèque).
128-162, avenue de france, 13. arr, telefon: 08 92 69 84 84, geöffnet: täglich 12.00-16.00 & 19.00-24.00, preis: mittagessen 15 €, abendessen 25 € (inkl. kinokarte), metro: tolbiac

(P) Über den **Viaduc des Arts** fuhr zwischen 1859 und 1969 eine Eisenbahn, 1996 wurde er zu einem 4,5 km langen Park umfunktioniert. Nehmen Sie die Treppe am Anfang der Straße und spazieren Sie über die 64 Gewölbebögen aus rotem Backstein. In den renovierten Gewölberäumen laden heute schöne Ateliers und Läden zum Shoppen ein.
avenue daumesnil, 12. arr, www.viaducdesarts.fr, geöffnet: täglich 10.00-19.00, eintritt: frei, metro: bastille

(Q) Der zwischen 1821 und 1825 angelegte **Canal Saint-Martin** ist über vier Kilometer lang. Ein ausgeklügeltes Schleusensystem regelt den Wasserstand, um den Höhenunterschied von mehr als 25 Metern zu überbrücken. Die Gegend rund um den Kanal erfreut sich immer größerer Beliebtheit, denn hier gibt es nette Cafés, Restaurants und Modeshops.
le canal saint-martin, 10. arr, metro: louis blanc / jaurès

(R) Der **Parc de la Villette** steht ganz im Zeichen von Wissenschaft und Kunst. In diesem 1986 angelegten, futuristischen Stadtpark kann man dank Spielplatz, Museum und Kino locker einen ganzen Tag verbringen.
211, avenue jean jaurès, 19. arr, www.villette.com, telefon: 01 40 03 75 75, geöffnet: täglich, eintritt: frei, metro: porte de pantin / porte de la villette

(S) Auf den *marchés aux puces* (Flohmärkten) finden Sie gut erhaltene Dinge, aber selten Schnäppchen. Der größte Antik- und Flohmarkt der Stadt ist der **Marché Saint-Ouen**, der interessanteste der **Marché de Vanves**. Auf dem charmanten **Marché Aligre** finden Sie noch am ehesten ein Prachtstück.
avenue de la porte de clignancourt, 18. arr, geöffnet: sa-mo 7.00-19.30, metro: porte de clignancourt

ⓣ Die **Bouquinistes** sind Buchhändler mit kleinen Verkaufsständen entlang der Seine. Außer Büchern findet man hier auch alte Ansichtskarten, Plakate und Karten.

linkes ufer zwischen pont de sully und pont neuf, rechtes ufer zwischen pont marie und pont neuf, 1., 4., 5. und 6. arr, geöffnet: täglich 10.00-18.00, metro: pont neuf

Ausgehen

Paris hat ein aufregendes Nachtleben zu bieten. Eine *nuit blanche* bedeutet, dass bis zum Morgengrauen gefeiert wird. Gelegenheiten dazu gibt es in Hülle und Fülle. Wer wissen möchte, was gerade los ist, kann sich an einem Kiosk das Magazin *Pariscope* oder *l'Officiel des Spectacles* kaufen. Karten für Vorstellungen und Konzerte sollten Sie vorsichtshalber reservieren. Pariser sind begeisterte Kinogänger. Da in den Kinos keine Plätze reserviert werden, sollte man rechtzeitig da sein. VO bedeutet *version originale* (Originalfassung), VF *version française* (französische Synchronisation). Im Folgenden finden Sie eine Auswahl an guten Ausgehmöglichkeiten. Die Buchstaben sind auch auf der Übersichtskarte vorne im 100% Guide verzeichnet.

(U) Im **Sunset** (1983) und **Sunside** (2001) treten nicht nur klangvolle Namen aus der Jazzwelt wie Brad Mehldau, Kenny Barron oder Kurt Elling, sondern auch junge Talente auf. Im Sunset liegt der Schwerpunkt auf Elektrojazz und Weltmusik, im Keller des Sunside auf Akustikjazz.
60, rue des lombards, 1. arr, www.sunset-sunside.com, telefon: 01 40 26 46 60, geöffnet: siehe website, eintritt: siehe website, metro: châtelet

(V) Der **Rex Club** existiert schon seit 20 Jahren und ist nach wie vor eine der meistbesuchten Discos der Stadt. Treue "Rexer" lieben die zeitgemäße Musik von Techno bis Minimal Electro. Es legen durchaus gute DJs auf: Ricardo Villalobos, Franck Roger, Alex Gopher und Jennifer Cardini.
5, boulevard poissonnière, 2. arr, www.rexclub.com, telefon: 01 42 36 10 96, geöffnet: mi-sa 23.30-7.00, eintritt: frei bzw. bis 15 €, metro: bonne nouvelle

(W) Bereits seit mehr als zehn Jahren ist das alte Leuchtturmschiff **Le Batofar** eine angesagte Adresse des Pariser Nachtlebens. Hier treffen sich Trendspotter und Technopuristen, es werden Videoprojektionen gezeigt und DJs legen auf. An warmen Sommerabenden nimmt man zuerst einen Aperitif auf der Terrasse, dann wird im Schiff abgetanzt.
11, quai françois mauriac, 13. arr, www.batofar.org, telefon: 01 56 29 10 00, geöffnet: clubbing do-sa 24.00-6.00, terrasse an warmen sommertagen täglich 18.30-22.00, eintritt: 8-15 €, metro: quai de la gare

(X) Im angesagten **New York Club** gibt's eine tolle Bar und eine Tanzfläche. In den Fünfzigern tauchte häufig Boris Vian in diesem Kellerclub auf. Heute kommen die Pariser, um Rock- und Jazzrhythmen vergangener Tage zu hören oder um zu Hip-Hop- und Elektrorhythmen zu tanzen.
130, rue de rivoli, 1. arr, www.nyclubparis.com, telefon: 01 42 33 84 30, geöffnet: mi-sa 23.00-6.00, eintritt: frei, metro: châtelet / pont neuf

(Y) Im **Mezzanine de l'Alcazar**, einer gemütlichen Bar mit Restaurant, startet man mit einem Cocktail an der Bar, um anschließend zur Disco-, Soul- oder Housemusik zu tanzen. Von Mittwoch- bis Samstagabend legen DJs auf.
62, rue mazarine, 6. arr, www.alcazar.fr, telefon: 01 53 10 19 99, geöffnet: täglich 12.00-14.30 & 19.00-2.00, metro: odéon

Alphabetischer Index

Thematischer Index

DIE 100% CITYGUIDES.

Ausführliche Informationen und aktuelle Tipps zu jedem Ziel finden Sie künftig auch auf unserer Homepage unter **www.100travel.de**.

Dieser 100%-Guide wurde mit größter Sorgfalt zusammengestellt. Mo Media ist nicht verantwortlich für eventuelle inhaltliche Fehler. Anmerkungen und/ oder Kommentare können unter *www.100travel.de* mitgeteilt oder an die unten stehende Adresse gerichtet werden.

mo media gmbh, betr.: 100% paris
steinstraße 15, 10119 berlin
e-mail info@momedia.com

autor	maaike van steekelenburg
koautor	evelyn ter bekke
fotografie	marjon hoogervorst, duncan de fey
übersetzung	gerrit ten bloemendal (für bookwerk)
lektorat	ulrike grafberger
schlussredaktion	tom seidel
konzeptgestaltung	studio 100%
gestaltung	mastercolors mediafactory,
	hilden design, münchen
kartografie	van oort redactie en kartografie
100% paris	isbn 978-39-4350-207-7
	© mo media, berlin, märz 2012